小型城鎮、商店街、返鄉青年的創業10鐵則

地方創生

木下齊

地方創生——小型城鎮、商店街、返鄉青年的創業10鐵則　目錄

第二章 地方創生成功的「10條鐵則」

第三章 自立的「民眾」能改變鄉鎮

前言

本書，是我將從高中一年級起十七年間所經歷的「地方振興」相關事業的實際體驗，以及不加修飾的「爲了賺錢得到的教訓」所整理成的一冊。

促進地方展現活力的事業，是極爲公共的行爲，但絕非行政機關的專屬權利。有效活用有限的資源來經營事業，反而是民間人士的看家本領。正因爲高度經濟成長的時代已一去不返，以民間爲中心的地區活化更被視爲要務，至今我們已經參與了各式各樣的事業活動。

在地方推行事業時，我的基本理念是「將鄉鎮當成一間公司來經營」。調度資金、進行投資、回收成本、獲利，以獲利爲成本再度投資新的事業。重要的是，在鄉鎮經營中徹底堅守這樣的循環。

行政機關也是同樣的道理。打通道路、將周邊整地，之後自然會有人來購買整修後的土地，興建住家與店鋪。如此一來，就能從土地和建物徵收土地稅或房屋稅，從居民身上徵收營業稅或所得稅。如果沒有人使用土地，沒有任何建設，地方政府的財務就會淪爲赤字。

行政機關也須意識到經營方式，在人口減少的情況中，如何鞏固事業，說得更深一點，是必須思考相比之前如何去提升鄉鎮的收益性。若只是繼續遵循以往的做法，結果將是收入隨著人口減少而縮減，導致公共服務的質和量都降低。然而，若將鄉鎮視爲一間公司來經營，讓收入增加，公共設施也能變得更加充實。

因此，民間就不用說了，包含行政機關在內，必須將鄉鎮當成一間公司，由「生財」的意識開始行動。

本書即是站在「鄉鎮經營」的觀點，將實踐者在各地必會遭遇到的反彈以及其預防方法，總結成「十條鐵則」。

這「十條鐵則」，都是由我自身的難堪失敗歷史所導出的方法。詳細內容會在書中描述，雖然，我在學生時代就被捧爲「高中生社長」，事實上卻是很無力的，當時在全國商店街的共同出資公司的經驗，爲我留下許多寶貴教訓。在那之後與夥伴在全國各地創立「鄉鎮公司」的過程，也是挫折不斷。書中集結了我投入身家財產反覆試誤後所得到的教訓，以及自己建立起的方針。

因此，此書沒有任何漂亮話，完全是直言不諱的呈現。我將來來回回的繁雜顧慮及表面話去除，從正面談論大家「想說卻不方便說出來」的事實。在地區活化的事業領域，我聽到的總是大家爲了保護自身立場只從表面論事，或是爲了不受指謫而充滿顧慮的言論，結果多半是我們已經無法了解最終的目的究竟爲何。

然而，今後若想在地方活動中取得成果，光是顧慮表面問題是無法有所進步的。即便是自身立場可能不保，只要發現錯誤就要更改計畫；即使受到指謫，只要是必須做的事就要去做。第一優先的，不是保全個人，而是計畫整體的成果。

這裡沒有「只要做這項事業，就一定會成功」的簡便菜單。

但是，在地方進行事業開發時不能做的事情卻是很明確的。

書中所寫的內容看似簡單，但在推行事業時若是把它視爲理所當然而輕視，沒有時時提醒自己，很快便會走向滅亡。

地方衰退問題的構圖，是國家社會整體的縮圖。即使無意參與地方活性的讀者，也可以一邊閱讀一邊將理論套於自己身處的組織。

時代的局面已然改變。如今社會中的人口、經濟、財政，從量的擴大轉爲不斷縮小，如果只靠國家的財源在地方灑錢，國家終會破產。

然而，若能轉換成以往缺乏的「鄉鎮經營」的角度來看，地方仍然處處充滿商機。地方上各式各樣的鄉鎮如何創造出獨自的、嶄新的組織架構，支撐起自己的街道？我們現在正面臨了這樣世界上罕見同類的充滿刺激的時代。

其中的關鍵字，就是「生財」。

「生財」的鄉鎮將改變地方。誠心希望讀者能認識眼下變化中的現實，感受今後的可能性。

序章 學生社長，禿頭了

受挫的第一次創業

「還錢！」

「給我解釋清楚現在做的事業是什麼！」

「全都是你的責任！」

「我要讓你沒辦法在這個世界再混下去！」

在某個共同出資公司的股東大會場合上，毫無交集的討論在不知不覺中演變成了單純的謾罵。這些聲音的主人是全國的商店街店家，而他們所攻擊的對象，正是由店家共同出資的公司的社長，也就是當時還是大學四年級生的我。

按照當初的事業計畫已無法獲利，因此我決定放棄原先的事業。著手展開新事業後，終於在第四年達成單年度獲利。我意氣風發地參加了股東大會，一部分股東卻因爲我無視他們展開新事業，覺得「跟當初說的不一樣」而爆發不滿。另一方面，由於業績好不容易開始成長，我希望能專注在自己摸索出的新事業上，這樣的意見差異，導致了一開頭的激烈言論。

結果是到後來我也動了怒，開始一句一句地反擊回去，在那一年就卸下了社長職位。年輕氣盛，物極必反。話是這麼說，但當時的我也覺得這些叔伯輩還眞敢說！當然，經營者不分長幼，一切與年紀無關，然而在當時我確實無比痛切地體驗到了以共同資金推進事業的困難。

話說回來，當時的我不過區區一介學生，是如何開始經營由商店街共同出資的公司的呢？

原本，我既非商店街店家出身，對地方振興或地區活化也沒有興趣。生長於東京都板橋區的我，對地方或商店街一無所知，說實話也沒有興趣。但我從國中時期起，就想在校外展開一番作爲，因此選擇了能直升大學、校風也相對較自由的早稻田大學高等學院。當同齡人在爲考試熬夜拚命時，我已經開始思索如何做些只有自己能做到的事。在校內就算得到的評價再高，那也不過是學校老師的評價。我希望在眞實社會的組織裡取得成果的心情比任何人還要強烈。

在我小六的時候，發生了阪神大地震、地鐵沙林毒氣事件。國二時，同齡的少年犯下了神戶兒童殺傷事件，也就是俗稱的酒鬼薔薇事件，一連串震驚社會的事件不斷發生。電視上各式各樣的評論充斥，但沒有一種可以信賴。我產生了一股危機意識，感覺以往的常識將不再適用，大人的想法無法相信，而我，不能再縮在學校裡。

高一的秋天，就在我思考著如何展開校外行動時，偶然間閱讀到當時的暢銷書《五體不滿足》，對作者乙武洋匡先生（當時是早稻田大學生）協助早稻田商店會的活動產生了強烈興趣。我也要參加！看完書的當天晚上，我立刻搜尋了早稻田商店會的網頁，發現上面寫著：「學生部門成立，徵求成員」，而且還是「高中生亦可」，我立刻寄出了應徵郵件，這就是一切的開始。

在我洽詢的時期，乙武先生因爲工作繁忙，逐漸無法協助商店街事務。當時，商店會長安井潤一郎先生對我說：「念附屬高中的話，表示你七年都很閒囉！（笑）」於是，我就這樣承接了乙武先生負責的早稻田商店會的業務。

順道一提，當時除了我以外，沒有半個應徵者。對於「商店街活化」或「地區活化」現在感興趣的學生不少，但在當時是乏人問津的。於是，除了原本就參加的三個大學生，再加上高中生的我共四個成員，開始了早稻田商店會學生部門的活動。

早稻田商店會的「開心賺錢環保運動」

在早稻田的大學城，不同地區有不同的商店街組織。我當時參與的是六個商店街之一、有四十至五十間店鋪參加的「早稻田商店會」。

從那時起，全國的商店街已經處於嚴峻狀態，而早稻田商店會更是其中特別貧困的組織。一年預算僅約六十萬日幣，當然無法聘請專門的員工，活動也無法只靠自己進行。我們必須夥同學生、企業，或行政機關，努力從外部引進利用早稻田商店街的企畫。

這樣的開放環境，非常適合希望能獨立思考各種可能性並展開行動的我，不用多久，我就變得鎮日泡在辦公室裡。這裡不會因為我還是高中生就限定我的活動，也不會過於操勞，在開會時我可以自由地發表意見，意見也受到重視。每天，有五花八門的地區、公司、政府機關人士來訪，一切讓我開心得不得了，一放學我就會搭上電車直奔辦公室。

此外，早稻田商店會在我加入的時期，已經擁有全國性的成績。一九九六年（我加入的前兩年），東京市制訂了企業型垃圾處理收費條例，以此為契機，商店會在夏天舉辦了以環保為切入點的商店街活化活動——「環保夏日慶典」。在那時，商店街舉辦環保活動算是劃時代的活動，獲得了空前的成功。

這已經是二十年前的事了，詳情還是省略，要說的是，企業垃圾處理收費化目的在於徹底實行垃圾分類，由於企業垃圾開始收費，若按照以往垃圾不分類只是亂丟的話，商店的負擔會變得相當大。但若能分類，將資源垃圾加以回收，垃圾量會減少，負擔也會變輕。為此，才有了環保夏日慶典。

商店會與早稻田大學合作，招募數間環保機器廠商，設置了專設攤位。一般的活動通常會提倡「將垃圾帶回家」，但我們的活動卻呼籲大家「把街上的垃圾都帶來」。參加者可以參與抽獎大會，頭獎竟是夏威夷旅行。我們打出了「撿空罐去夏威夷」的口號，早稻田街上的空罐在瞬間消失一空，這樣「破天荒的活動」引起了社會大衆的矚目。

對環保機器廠商而言，這樣的活動能導入實際的業績；對於因爲放暑假客數極度減少的大學城商店街而言，活動也成爲吸引當地客人的商機；前來參與活動的當地客人也能盡興而歸。單純企畫活動的商店會在全國比比皆是，但從來沒有組織會配合政府法律修改、著眼於「環保」，將活動發展成社會實驗，甚至成爲事業。早稻田商店街實現的「開心賺錢的環保活動」，在提倡環保活動的人士眼中也相當新奇。

此外，此活動在當時最受好評的地方在於，除了以貢獻公共利益的環保主題，屬於促進地區活化的一環，同時還能毫不依賴國家或地方政府的補助金，憑藉自己的力量不用額外經費，完全利用企業贊助或手頭的資金來舉辦。當時，雖然商店會的會長如此自嘲：「能拿補助金的話我們也想拿，只是我們的商店街還不夠強大根本拿不到啊。」但我至今仍認爲，這樣的獨立姿態是相當了不起的。

拉攏行政機關

因爲沒有經費，環保夏日慶典的舉辦經歷了各種困難。當初我們直接與早稻田大學交涉，希望能免費使用某區校園作爲活動會場，但早稻田大學的回答是：「只要支付租借費用，就能借與使用。」我心想：這種事連小學生都懂，這算哪門子的開放校園啊。而事實上，超過一百二十五年的早稻田大學歷史中，確實沒有免費將校園開放給當地商店街進行活動的前例。

被大學拒絕的商店街會長們，首先去了新宿區公所做說明。平常光會製造垃圾的商店街人士，突然說出「環保」這種話，區公所商業振興課的人聽了難免大吃一驚。但他們聽下去後發現：這些人是認眞的。因此，當時擔任環境回收課課長的楠見惠子女士對我們說：「會全面支持。」

現在仍是如此，通常只要地區或商店街的人到區公所，多半是爲了「要補助金」。但早稻田商店會的會長不同，他來拜託的內容是：「(我們)想要更多關於環保活動的知識。希望能幫我們介紹能協助此類活動的企業。」對方當然會爽快允諾。

以這樣的訣竅，商店會接連說服了東京市、通商產業省(現在的經濟產業省，相當於台灣經濟部)，甚至還取得了提倡零排放(創造無廢棄物社會)的聯合國大學的協助。

就這樣，既沒預算也沒人脈的弱小商店街想出的環保活動，區、市、國、聯合國大學等規模龐大的組織陸續加入。

到了形成大規模的階段，再次與早稻田大學交涉，這次學校便爽快地答應：「可以免費，攤位的篷子也借給你們，我們也會負責出電費。」這段故事，爲當時還是高中生的我留下深刻印象，「原來這就是大人的世界！」我對商店會會長的交涉技巧感到欽佩。

最後，活動本身有超過一萬人參加，吸引ＮＨＫ等媒體的全國播放，而作爲社會實驗，活動也得到環保人士的高度評價。原本只辦一年的活動因爲盛況空前，在接下來的兩年也舉辦了同樣的活動。一開始由早稻田大學周邊一個小型商店街所舉辦的企畫活動，從第二年起，演變爲早稻田大學周邊商店街聯合會的企畫，至今仍以「地球感謝祭典」之名持續舉辦。從小處開始，培育壯大，現在仍是我最基礎的想法。

儘管如此，一年中舉辦了爲期兩天的活動，這樣的程度算是眞正的商店街活化嗎？能稱爲眞正的環保活動嗎？相關人員嚴格地指出這一點。因此，商店街採取了更常態化進行「環保」活動的姿態。

於是自一九九八年起，商店會從加盟的店鋪徵收使用費，在空置店鋪設置了常設的回收據點「環保站」。我們在空罐與寶特瓶的回收機器上加裝了遊戲功能，只要「中獎」，就能接受迷你型的服務。「獎品」由商店街各家店鋪提供，有從中華料理店的「餃子一盤免費」，到牙醫的「免收初診費」等獨特服務。一般而言，在牙醫診所的治療不可能初診就結束，在第二次第三次治療也能收到診療費的預期下，診所爲獲得新顧客，也巧妙地利用了這項環保活動。

這項活動讓早稻田越來越受到矚目。商店會一來不依靠補助金、活用空置店鋪，另一方面促進了商店街各店鋪的合作、活用環保廠商的機材，提升了大衆的環保意識，最後也促進了商店街的生意。正因爲達到了促銷效果，各店鋪也願意爲這套機制每個月支付三千日幣的使用費。這是確實依循經濟原理，解決社會性問題的創新活動。

我加入商店會事務，正是在這項常態化活動開始不久前。現在回想起來，那眞是絕佳的時機。如果讀完乙武先生的書我沒有馬上詢問的話，就絕對不會有現在的我。任何事情「選日不如撞日，心動就馬上行動」都是最佳準則。

運用網路擔任商店會的後援工作

參加早稻田商店會的活動，對我而言，最重要的財產就是人脈。如果每天只是上學通勤，能認識的不過就是同年級的同學或老師。由於參與當時倍受矚目的商店街活動，我有機會認識區、市的官員與議員、通產省的官僚、國會議員，甚至是各領域的大企業到中小企業的企業經營者、大學老師等各方人士，也能和他們一同討論。在那裡學到的事物，對十幾歲的我而言，是如此樂此不疲，充滿刺激。如今邁入三字頭再回想起來，更能充分體會到那份經驗的價值。

當時早稻田商店會的活動不僅限於環保，還涉及了多方領域。舉例來說，東京大學地震研究所團隊便和早稻田區的國小聯合舉辦過兩天一夜的「防災營隊」，當時還獲得NTT、DOCOMO等電信公司的贊助，進行了安危確認系統的實驗等，走在相當前端。「沒有錢的話就出想法，提出想法然後行動，成果隨後一定會出現」，這就是早稻田商店會一貫的口號。除此之外，在教育領域，商店會進行了運用再生紙做課本的運動，之後也連接到各種政策面的成果。

隨著這些活動的累積，當時的早稻田商店會「不依賴補助金、進行嶄新的地方事業的罕見組織」的形象深植人心。許多學者或企業家認為「別的城鎮做不到的事業項目，也許帶到早稻田就能做到」，從各界湧進了各式各樣的聯合企畫。拜此所賜，不僅學生經常利用校外教學來訪，全國的商店街也前來視察參觀。從一九九八年到二〇〇〇年短短兩年間，參觀的團體數大概就超過了六百。由於幾乎每天出現在媒體上，我們在業界還被揶揄為「商店街暴露狂」。

當時，我主要負責的是使用電腦、網路的全面後勤業務。管理每項企畫的參加者、僅限地方視察者選拔出的人選參加的會員名單，製作各種資料與傳單等。參與企畫案的人士全都是有正職工作下來兼任的狀態，相當難聚在一起。因此，聯絡或情報分享都是依靠網路上的聯絡者名單、網頁。這在現在並不算稀奇，但在九〇年代大力利用網路推行地方活動的團體十分罕見，算是最先進的ＩＴ活用範例。

順帶一提，「ＩＴ革命」在二〇〇〇年被選爲「年度流行語」，我竟然是得獎者。活動並不是我提出的，我也沒讓公司上櫃，爲什麼能獲頒這個獎項？詢問之下，當時的評審委員長——已故的草柳大藏先生認爲：「年輕人努力奮鬥，爲了改變社會而使用ＩＴ，這正是『革命』的精神。」還記得，剛接到得獎通知時我還在困惑，後來商店街的人說「能拿的就先拿」，我才決定代表商店街領獎。

因靈光一閃而開始的商店街活動大幅地展進，還在出乎意料之處獲得好評，人生際遇實在難以預測。在地方的活動，竟能爲當時屬於先進領域的環保、ＩＴ等產業帶來影響，這爲我帶來相當的自信。

以補助金為名的「毒品」讓城鎮崩壞

然而，看似一帆風順的商店會活動，在瞬間陰霾垂臨。

起因在於，早稻田商店會被選爲爲了制定「中心城鎮活化法」的社會實驗示範地區。如文字所示，這是爲了促進各城鎮的中心街區的活化，對政府所認可的地區投放補助金的支援活動。這也是一切轉向巨大失敗的開始。

如前所述，一直以來早稻田商店會的活動儘管是低預算，靠著彼此貢獻的智慧、憑藉著自身力量和企業協助營運至今。我們以「民間主導・政府參加」爲口號，正是這樣的獨立性得到了高度評價，也讓各方人士聚集。這樣的組織，突然出現來自國家的數千萬補助金。嚴格來說，早稻田商店會並非法人團體，國家經費無法直接補助，因此，東京工商協會（東京商工會議所）開始介入其中，再加上，只有早稻田商店的話規模太小，因此還要與神樂坂商店街合併，共同擔任模範事業。

從此，成員的思考模式一下子就改變了。首先，討論變成是「以這樣的預算能做什麼？」然後是決定業務要由誰來執行。原本的早稻田式的做法，也就是「想做的人來提出可行的方案，然後負責實行」的方式，突然間就產生了劇烈的變化。

此外，在部分事業，醜陋的鬥爭開始接連出現。有人開始提出對自己的生意有利的預算運用。到了最後，還有盯上預算從外部加入的可疑成員。負面連鎖效應不斷。

出現這些情況之後，以往善意幫忙的成員的士氣一舉滑落。大家覺得「不想去協助為了消化預算的活動」、「自己並不是為了部分成員的生意來參加活動」。尤其是，目前為止主導了地方新型態活動的關鍵人物（善意的義工或大學教授等）開始一人、二人地紛紛離去。原本應該進行協調的工商協會也只會提出僵硬的程序論，完全失去功用。於是，這套系統以及彼此的信賴關係，便硬生生地崩壞了。

結果，沒錢的時候，我們反而會互出主意，更加享受一切。以往主張「沒有錢會出智慧，一有錢智慧就會躲起來」的我們，自己掉進了陷阱。身為國家的模範事業，究竟背負了什麼樣的期待？我們對此並不理解，剩下的只有厚厚一疊報告。

這樣的說法也許不好聽，但補助金就像毒品。以往活得再認真的人，只要一開始接觸毒品，就會整個崩壞。毒品這種東西要善加利用是不可能的。正因爲我親眼目睹了曾經如此自立的活動一口氣崩壞的過程，更是打從心底如此認爲。即使沒有人懷著惡意，但所謂的金錢支援，會在一瞬間腐蝕我們。以往因爲「成功案例」給與特殊待遇並編列預算的區公所，只要沒有利用價値，就會一口氣抽手，還會說出「最近都沒聽到早稻田的名字了」這樣的風涼話。世界是冷酷的。

至今，全國仍存在無數這樣的案例。地方振興，最終若沒有創造出利益便沒有意義。然而，這裡指的是地方整體的利益，和國家或地方政府提供暫時性經費、讓地區部分人士獲利是完全不同的。

從天而降的經費，不但無法解決地方的問題，還會開啓一場災難。自私自利的心態出現，應該共同進行的活動也會變得失去深度。所以，自己思考出能夠獲利的機制，也許看起來像是在繞遠路，對地方而言才是更有利的。

儘管如此，至今仍有許多人談到「地方建設」或「地方活化」時，就會認為要「帶進補助金」。希望大家能務必謹記，那是下策中的下策，希望各位的家鄉不要重複我們犯下的錯誤。

設立「商店街網絡公司」

在早稻田商店發生劇烈轉變的前夕，我離開了組織，開始推動其他企畫案。而誰都沒想到，連那項企畫在之後也變得非常慘烈。

企畫案的開始，源自於一九九九年舉辦的「商店街回收高峰會」會議上的想法，大家熱烈討論起是否能將早稻田商店會的地方振興活動中所得到的全國商店街的網絡加以活用，用網路展開新事業。

同年，再次的聚會後，決定成立由全國商店街共同出資的公司，開啓新事業，那時是我高中二年級的秋天。

當時樂天市場的網路電子商務已經起步，但商店街人士的企圖是讓實體店鋪透過網路聯結起來，發揮超越樂天等網站的力量。若是商店街能超越地域限制，利用網路達成合作，販賣全國的商品，那麼應該能成爲商店街的新事業。也就是說，我們打算做的是「由實體店鋪支援的虛擬店鋪銷售」。然而，大部分的成員對網路都不是很熟悉，其中對ＩＴ最得心應手的我就這樣當選了。我原本只是想在後方支援，但後來大家認爲新事物應該由新人來領導，於是就由我擔任社長一職。

股東約有五十人，出資金一股五萬日圓，總共集資到一二四五萬日圓。

這項事業從一開始就遇到了挫折。現在回想起來，只能說我們「一切想得太天眞」。說到頭來，具體的事業內容是什麼？如何作爲一間公司來營利？不光是我，商店街的參與人員都沒有對此深入思考。我們只是覺得，用網路進行商店街的商品販賣應該能賺錢吧。現在想想，無論是在經營面、投資面，我們對新公司的想法都粗糙得難以置信。

當然，一開始公司成立時，大家只會說一些「不錯啊！」、「很有趣！」等等正面的話，但是，投資一間公司，一定會期待有所回報。嘴上雖然說是爲了「地區活化」、「商店街活化」，任誰都不會希望自身有所虧損。

結果，所有人抱著「只要聚在一起，就能做出點什麼」的模糊期待，光是嘗試與失誤，兩年的時光飛也似地就過去了。我們最多就是提出一些異想天開的想法，完全抓不到公司在事業上的方向性。

因爲進展微乎其微，我決定——利用暑假和春假出門「修業」。我前往全國各地的商店街，寄宿並幫忙，一邊實際觀察地方的狀況，一邊進一步思索屬於自己的事業。到了地方上，大家都各自做了相當久的生意，自然會提出「像這樣做會更賺錢」的意見，但從來沒有一樣行得通。

商店街人士認爲「應該會賺錢」的其中一種想法，便是當初我們計畫的由商店街店鋪透過網路販賣商品的服務。比方說，在九州的商店販賣北海道的特產。然而，一旦做出雛形開始試做，卻是完全賣不出去。即使賣出去了，有時會發生付款延遲，甚至還有被倒帳的情況。我們深刻地體會到，原來以商店街為對象的生意是如此困難。

現在回想起來，理由其實再清楚不過——經營不善的店鋪，原本業務能力就不足，資金調度自然也有難度。無法賣出商品，付款也會延遲。就算能取得其他地區的魅力商品，如果沒有可賣的顧客，就連進貨的資金也是匱乏，更沒有餘力付手續費給運作此系統的商店街網絡了。「只要在網路上販賣商品，商店街就能活化」只不過是空談罷了。

想當然耳，在這種情況下嘗試的網路販賣，無法為公司帶來利益。就這樣，我每天都在全國各地觀察，而重點商品的網路銷售卻是毫無動靜。擔任社長後，兩年的日子一下子就過去。

無力與無毛的每一天

共同出資公司的定期股東大會每年舉行一次，就在第四年的股東大會上，出現了本章一開頭談到的怒罵聲浪。事業進行並不順利，幾乎沒有獲利，當然資金也是日漸減少。好不容易能獲利，靠的卻不是透過網路的商品販賣，而是在商店街展開廣告事業創造出的財源。不如預期的事業情況、不聽話的社長、有減無增的資金，這一切都讓股東感到憤怒。

所有的責任都在於我，太過不成熟又無能。我因爲事業失利感到懊惱與挫敗，也承擔了保管他人金錢的沉重壓力。結果，我以這些爲藉口，該下判斷的時候卻往後拖延。每當接近股東大會的時候，「現在的事業計畫完全無法帶來營業額」、「自己卻又提不出解決辦法」，這些恐懼逼得我精神崩潰，出現了壓力型的圓形脫毛症。

一般人看我是「學生社長」，都會給些鼓勵或讚美的話，大衆不知道的內情卻是如此。對於客戶或出資方而言，漂亮話是完全行不通的。該做什麼才能促使商店街活化？如何讓公司產生利潤？每天我都爲了這些問題煩惱。

慘痛的教訓

我不斷抱頭苦思，苦惱了又苦惱，透過這樣的經驗，讓我對兩件事有所理解。

一是「不要聽所有人的意見，要自己思考」。我花了兩年時間拜訪全國各地的股東，傾聽他們的意見，希望藉此找出所有股東都能接受的事業項目，結果是沒有一樣可行。

這是因爲，在傾聽所有人的意見之前，我缺少了關鍵的作爲，沒有先用自己的頭腦思考、行動。當然，並不是說獨裁、霸道地去推動才會成功，但經過自身思考並決定的事，自然會更認眞對待，就算事情的發展不順利，也能靠自己去判斷該如何修正軌道或是撤退。

相反地，若去傾聽全體的意見，以全員同意爲優先的話，就很難自己下決定。即使隱約察覺事情正往不妙的方向發展，也會認爲「應該有人會想辦法吧」，最後每個人都變得不帶責任感。這樣下去，結果就是事態不但沒有改善，還會不斷往惡性方向淪陷。最後，事情不順利時我把責任推到周遭的人身上，將問題擱置，完全只是在耍賴。

第二個感想，也與第一個有關，就是「不要打著甜美夢想的旗幟去召集夥伴」。就像之前提過的，共同出資公司的參加者，人人都因爲早稻田商店會的事業成績做著美夢。公司明明毫無具體方向，卻僅靠「只要跟著他們就可能有好處」的幻想就進行投資。

然而，所有的事業都一樣，輕鬆就能賺大錢的「美夢」並不存在。小地方上的事業所需要的，不是只是單純出資的人，而是能夠出資並共同揮灑汗水的夥伴。只負責出錢，就想享受獲利是不可能的。召集夥伴時，一開始就必須以嚴酷的現實為前提。

說起來，我太晚發現這些事，老實說，就算注意到了，內心的軟弱也會讓我無法強硬說出口。我感到再這樣下去不行，從第三年起開始思考，終於展開了商店街的廣告業務與調查研究委託業務，好不容易穩固了營業額，改善了業績。我覺得自己確實做出了正確的反應。

然而，這樣的方針轉換無法得到部分股東的理解，他們認為：為商店街開源的廣告，或是管理相關的研究調查，這些不清不楚的事業就算賺錢又能做什麼！快去推那些使用補助金的當地商店街活動事業！於是，事情就演變成開頭提到的第四年股東大會期間的大騷動。正因為一開始提出的內容過於曖昧夢幻，現實考量下的方向轉換，從股東看來是種背叛。

說實話，當時的我已經感到筋疲力盡了。照大家說的做，業績沒有成長，自己的一套方法做出成效，卻又被全盤否定。起先覺得有點難過，中途開始感到一股怒氣，於是我這樣大喊：

「很抱歉，既然你們這麼說，就請自己幹吧！請照你們想的去做！」

剛卸任時，我打從心底想：再也不碰商店街事業了。我完全無法想像，當初做得那麼愉快的早稻田商店會的工作，事業的發展會是這樣的結局。

就這樣，我一度完全停止了關於「商店街」或「地方建設」領域的實務。知道我的處境的朋友說：要不要去學企管？建議我參加一橋大學研究所的考試。於是，二〇〇五年的春天，我開始重返學校。

社會的常識卻是地方振興的非常識

在我擔任學生社長四年間所經歷的問題，與今日的日本在「地方振興」上的問題點是相通的。距離當時算起來已經有十年以上的時間，但問題的結構完全沒變。由此可以看出，日本的「地方振興」並沒有多大的進步。

預測天眞、本質上無責任感、依賴外力、獨善其身的想法等，這些問題不僅存在於地方振興，也是許多組織中常見的現象。更何況「地方振興」除了這些問題外，還牽扯到政府機關，以及補助金或委託事業等關乎稅金的問題。

商店街網絡也不例外，雖說名副其實是完全民間的公司，但出資者當中也有人不這麼認爲。

其中有不少人想坐享其成。畢竟，以全國矚目的早稻田商店會爲中心，建立起由全國商店街加盟的網絡，並利用網路來做生意，再加上有木下這個年輕的高中生社長引起話題，搞不好又會拿到一筆預算。運氣好的話，公司擴大後股票說不定能賺一筆，既然如此那就加入吧！

問題是，至今仍有許多人在討論「商店街活化」與「地方振興」時，還是抱著「有沒有輕鬆愉快的辦法能讓地區活化呢？」、「政府機關會不會支援部分資金呢？」這種依靠外力、花別人的錢爲前提的思維。不去思索如何靠自己賺錢、推動事業，而是想著如何讓政府機關撥一筆預算。然而，就算得到再多暫時的預算，都無法爲地區的未來找到出路。

即便每年能拿到一筆補助金舉辦活動，或提出空置店鋪的對策方案，但只要補助金一用完，一切就宣告結束。我敢說，如果地區的一切是依靠別人的金錢和創意，把心力花在不會持續的事物上，只會益發衰退，這項道理不僅限於商店街，也適用於致力於地方振興的地區的所有領域。一個地方的衰退，自有它衰退的道理。

有了這些經驗，現在，我所思考、實踐的「地方振興」，以從前的想法來看可說是相當「非常識」的。如何不依靠補助金，靠自己的事業創造出利益，與其聽從大家的意見，不如自己思考。不是交給誰來做，而是親自成立公司的創業，並將所賺取的利益再次投資到下一個事業。這些在地方振興中被認爲「非常識」的想法，是一般社會中的常識。

也許有人會認爲：這些事是可能的嗎？但，無關城鎮大小、手頭資金有多少，只要決心去做，就一定能做成。覺得不可能，是因爲從一開始就認定不可能。在此，希望讀者能先清空既有的想法，再來閱讀本書。

法。

讓獨立的事業在更多區域不斷擴大，是回報我年輕便得了圓形禿的唯一方法。

接下來，就讓我在各章說明地方創生的具體方法與實例。

第一章 從鄉鎮來創造「利潤」吧！

在美國學到的「自立型」地方建設

自己提升資產價值

在擔任「商店街網絡」公司社長時，我最關注的事是如何活化商店街，同時讓規劃活動的自家公司也能獲利。

我試著調查國內許多資料，似乎沒有能當作解決方案的事例。那麼，國外的鄉鎮呢？如果可以的話，眞想直接飛到國外調查，但沒有那些錢。當然，我有公司的資金，但動用資金去考察顯然又會被出資者批評「亂花錢」，這個計畫還必須先準備出國資金。

所以當時我鎖定了論文獎金。大學三年級時，我將一篇名爲「日本型地方建設的盡頭」的論文投稿於當時還在世的藤田田先生（日本麥當勞創業者）所設立的「藤田未來研究所」論文獎。在一九九八年所謂「地方建設三法」施行後，眼見政府主導的地方建設做不出具體成績，我與夥伴（駒崎弘樹當時在商店街網絡擔任事業部長，現爲非營利法人組織Florence的理事長，也是論文共同執筆者）決定一同調查美國的地方建設情況，以此爲基礎，比較日本的依賴補助金型的地方建設問題，與美國的業者受益負擔型的地方建設，歸納後提出論文。幸運的是，論文獲得了二〇〇三年的「學生獎勵獎」，我和夥伴便用這筆獎金前往美國。

當時，我從美國的地方建設推行者身上學到的最重要的事，就是地方建設不該是官方主導，而是民間主導，特別是那些以業者爲主的思考。在當地與業

---

1 為改善地方城市空洞化的三條法律的總稱。包括：因應用途可以設定地方為「特定區域」的「改正都市計畫法」；導入商公會或第三部門主導TMO（城鎮管理機關）的支援來防止中心街道空洞化的「市中心地區活化法」（以上一九九八年施行）；規定大型連鎖超市等大型商店進駐地方時須考慮對當地生活環境影響的「大規模零售店鋪選址法」（二〇〇〇年施行）。

者聊天時，我發現每個人都積極地在投資地方。談到原因時，他們毫不猶豫地回答：「爲了提升自己的資產價值。」「（投入）地方建設就是我們的資產運用（asset management），所以不是由政府，而是身爲業者的我們首先要聯合起來投資。」聽起來相當理所當然的一段話，卻讓當時的我受到了相當大的衝擊。因爲，我從未由「誰才是獲利者」、「爲了自我獲利而投資地方」的觀點來思考地方建設。

所有業者都希望吸引更優秀的店家，也就是能賺錢的店鋪進駐。爲此，要讓建築物或地區看起來具魅力，也必須從地區外招募店鋪。投資的目的在於如此。

有些項目可以自己做，但有些項目必須以地區爲單位來進行，因此業者會合作建立組織、共同投資地域。他們之間的關係並非相互依存，而是鎖定了相乘效果，結構非常合理。

接受我們訪談的其中一個調查對象，經營紐約時代廣場的地方建設公司「時代廣場聯盟（Time Square Alliance）」，正是由業者、居民所組成的聯盟。

若聚集越多魅力商店，各大樓、甚至整個地區的吸引力也會上升，當地的價值將大幅上升，希望進駐的人也會增加。結果是地價上升、租金上揚，業者賺錢。這樣的良性循環形成後，業者就能回收投資。

另一方面，這個模式也帶著美國式的嚴苛條件。以業者爲中心的聯合組織會雇用專業經理人，經理人若無法在一定的期間內創造確實的成果，就會被解雇。經理人拚命做出成績，而只要做出成績，其他地區又會提出更高薪來挖角。正因爲這樣適度的張力和報酬機制，讓整個團隊都能集中於成果。接著，會成長的鄉鎮就會開始成長。

反觀日本現今仍持續著官方主導型的地方建設，地方總是期望政府進行公共投資。然而，公共投資並非以「直接的獲利」爲目的，成果的檢驗自然會變得曖昧不清。而對看起來無法賺錢的公共事業，民間是連一分錢也不會投資，結果就是沒有新店鋪成立，也無法聚集人潮，像這樣悲慘的事例數也數不清。話說回來，這正是因爲缺乏「自己的錢由自己賺」的思想。換言之，只要不拘泥於原本的做法，我們的鄉鎮還有許多獲利空間。

所謂地方建設，有種方式是以業者為主體，為了保護自己的資產價值而投資、回收。發現這件事後，我對「地方建設」的想法一百八十度地轉變了。

小學的校園也由家長親手打造

更令人驚訝的事情是，我發現在美國連地方的公園或學校校園等，都是由居民親手打造。

就像業者致力於提升自己的資產的價值，居民也將鄉鎮的公共設施視為自己的資產，為了提升其價值而行動。這並非特殊案例，全美各地都可見到。

支援這類活動的，是名為「KABOOM!」的非營利組織。當時在全美已有五百個實例（現在已達到一萬六千件）。我們也參加了周末的開發作業，地點在新蓋好的小學校園，主要參加者爲小學生的家長與地區居民。我們加入他們，協助校園的建設工作。

爲什麼要自己動手？當然，一部分原因是希望以自己的雙手去創造自己的小孩的學校校園，但也有經濟上的考量。

在當地，有新的國小成立時，該校區會被指定爲「教育特區（Educational District）」，當地居民必須負擔開發費用。也就是說，建設費越高，居民的負擔就越重。所以，一切當省則省。話雖如此，校舍無法自己建造，那至少校園可以自己動手。

準備工作長達一年，但工作本身在我們參加的六日就一口氣完成了。完工的周日傍晚，有一幕令我印象深刻。有一輛車駛進校園，下車的是當地市長，他看準了時機前來打招呼。

市長所說的話，令人相當感動。不知是刻意還是偶然，他背對著夕陽，英風颯爽，頗有美國政治家的風範，鏗鏘有力地開始演講。

「大家爲了地方的孩子流下辛苦汗水，打造出美好的校園，多虧大家，我們這個地方的教育必定也會很美好！」

接著是孩子的感謝大合唱，然後全體鼓掌。對這一連串的活動，我不僅是感動，還受到了衝擊。

在日本的鄉鎮，我從未體驗過這樣的官民關係。絕大多數的市民，仍認爲用稅金建設地方是理所當然的事。他們完全不會考慮到財政問題，只依自身利益對政府提出「做那個」、「我們想要這樣」之類的意見。如果事情不如預期，就會批判政府「官僚組織」、「市長很沒用」。有時爲了避免這些批判，政府也會將公共事業完全發給業者借此逃避。

這樣眞的是「促進鄉鎮發展」的正確道路嗎？就某意義上而言，我們的國家過於豐裕，過去政府什麼都幫我們做，以至於人民形成了自己能做的事也要用稅金來做的想法。

然而，近年國內也出現了變化。舉例來說，我的夥伴之一西村浩先生，他經營的是建築事務所「WORK VISIONS」。原本是土木方面專家的他，對於以往由官方主導的垂直式的地方建設抱持疑問，於是開始自行嘗試創新。

舉例來說，他在佐賀商店街的空地上聚集當地的孩子來種植草皮，放置了貨櫃，推動把空地當成廣場使用的「樂遊貨櫃」活動。此外，也在大分車站前的大型廣場整修時，推動了由市民一次性種草皮的工作坊。

像這種環境整修活動，雖然可以全數委託業者，卻需要龐大的經費。然而，若是多數市民都能參加，天然草皮的空間一下就能誕生。不但節省經費，對市民而言，也產生了廣場是自己創造出來的意識。

不用去談論「因爲是美國……」、「因爲是日本……」，只要有改善地區的想法，國家差異並不重要。差別只在於，是否擁有「不依靠別人」、「能做的事情自己做」、「自己需要的東西由自己創造」這樣的意識。

在研究所，理論與實務結合了

先前提及，我在辭去商店街網絡公司的社長職位後，進入了研究所就讀。大學時修的是政治學，但在研究所選擇了企業管理學。這都是因爲在美國所接觸到的人，無時無刻都在強調「管理」。

再加上我本身也從日本的創業經驗中，深刻感受到地方建設需要的不是「政治」，而是「管理」。

就結果來看，我做了十分正確的選擇。暫時離開商場，每個禮拜被幾個企業管理報告難題追著跑，對我而言是很好的復健。現在回想起來，上一次那麼認眞念書已經是考高中時的事了。

透過研究所裡的學習，在商店街網絡時代模糊感覺到的種種問題，都可以精準地套入管理學的理論架構。包括管理策略、組織結構、市場行銷、財務管理等，無一不是我在當社長時無比苦惱的問題。將它們逐一以理論化、系統化的方式整理起來，實在是再令人開心不過的事。

見識到從「管理角度」出發的地方建設

另一方面，在進入研究所就讀時，我就決定了不參與「地方建設」的實務，想把這兩年當成「排毒期間」。

話雖如此，我並非失去了興趣。機緣巧合下，東京財團等開始支援都市管理的政策研究活動，我也得到了寶貴機會，陸續訪問了美國、歐洲各國，進行了詳細的調查與研究。鄉鎮的衰退，是先進國家的共通問題。海外許多國家比日本更早開始經歷都市衰退，情形也更加嚴重，能親眼目睹現況，對於思考日本的鄉鎮問題有極大的幫助。

在研究所的理論性學習，以及，以實際社會問題爲對象的政策智庫的調查研究活動，給我帶來了兩個重大的發現。第一，是將研究和實踐的對象從「商店街活化」切換成「鄉鎮本身的重建事業」。第二，是讓我開始思考「如何將經營管理帶入地方建設」的具體方法。

原本，鄉鎮重建必要的就是「經濟」。不是由政府以重新分配的稅金來塡補，「放眼鄉鎮整體，找出獲利方式」才是重要主題。也許我們時常會聽到「溫馨鄉鎮」、「心靈相通的鄉鎮」這種口號，但這些全是毫無責任的「表面話」。如果不創造收入，就只有衰退一途，歷史已經證明了這一點。

既然如此，在日趨萎縮的社會環境中該如何獲利？我認爲，只有橫跨所有產業、活用地方有限的資源來創造財源，留下獲利，再將獲利重新投資到事業上一途。

這麼做不須區別商業、農業、水產業等。若將鄉鎮視爲整體，政府與民間都是命運共同體，區別官民本身也毫無意義。我們必須跨越所有產業與官民的隔閡，適應縮小型社會。而有效活用有限的資源，將成果極大化，正是「企業管理」的擅長領域。

想到這裡，對於一度想著「再也不做了」的地方事業，我又重新燃起挑戰的心情。

重回「實踐」的世界

首先由「削減經費」做起

不久後，熊本縣開始了地方振興的計畫，那是二〇〇六年發生的事。

從大學時代起，我就習慣地將自己的調查研究上傳部落格，或匯整成報告寄送給認識的人。主題多是關於國外地方振興的情況、二次世界大戰後的都市變遷、取得成果的民間單位的活動、有效的政策模型等等。

我的讀者當中，有一位是熊本市城見町商店街的南良輔先生，他連絡了我，希望能在當地嘗試我報告裡的提案：以業者爲中心，爲提升自己的不動產價值而推動的事業模型。以此爲契機，我重新回到了鄉鎮振興的世界。

首先，我以讀書會的形式，花費了一年以上講解包括國內與海外的地方振興活動的差異、國內地方振興的問題點、可以做哪些事來改善等的整體概念。

然而，對於和以往截然不同的做法，當地的業者大多難以認同。這也難怪，國內這樣的前例十分匱乏，更別說「為了提升區域的整體價值，要由民間來投資」這樣的想法了。

我判斷要從業者重新獲得投資金相當困難，於是將方針轉換為：主要先以削減經費為目標，再將削減下來的部分經費作為地區的投資資金。因為相對來說，較多的業者（不動產所有者）對於能共同改善建物設施的管理事業較有興趣。

仔細想想，就長遠來看，這樣說不定比起美國的先行投資是更好的方式。減輕當下的成本，從中籌措出投資資金，能形成相當優良的經營結構。

但是，這樣的方法也不一定能得到所有人的認同，因此南先生先將區域限定為能自己推動業務的城見町地區、成立公司，隨後再推展至周邊區域。

為了推動這項事業，我、南先生、十年以來一起進行地方活動的夥伴——

德島大學的矢部拓也、當地的下通商店街成員中如大哥般的存在——長江浩文，一共四人合資，成立了「熊本城東管理株式會社」。

將「店家」、「不動產」分開思考

南先生是酒類批發業者，但他同時也是建物所有者，這是很容易被忽視的重點。

傳統的想法會是「設法讓賣酒店家的銷售額提高」、「所以要炒熱商店街氣氛」。然而，長期推動商店街活化的南先生注意到了這個模式的極限——不管如何舉辦活動，店鋪的銷售額也不會因此提高。正因如此，他對我不針對商店而是針對業者進行的地區復甦企畫產生了興趣。也就是，如何試著切割都市中心地區中的「店家」與「不動產」。

無論什麼樣的問題，只要分開思考就能找到解決對策。將兩者切割，我們就能分別思考「店鋪的營業問題」和「不動產的運營問題」。關於前者，南先生將以往堆滿庫存的店內空間改裝成無座位式酒吧，有效活用空間，開始了批發以外的業務。

另一方面，單純考慮不動產的情況下，我們發現了其他的對應方案。不動產的營業額來自於店家的租金，爲了讓更多店家想來「租借」，必須同時維持建築物與區域的價值。另一方面，建築物的維持需要管理費，若不控管好管理費，無論從店家收到再多租金，也會損失利潤。

南先生的情況是，成本控管方面的努力不足。既然如此，若能在鄉鎮整體上藉由改善不動產的運用來降低成本，也就能改善經營了。

讓對方嘗三次甜頭

光是擁有不動產，就必須花費相當的維持管理費用。擁有不動產的人常被認爲收入是非勞力所得，十分輕鬆，但實際上並非如此。不動產必須經常打掃，如果有電梯也不能缺少維修，多數所有者在蓋樓房時都有借款，因此也必須償還債務。

不動產事業要遵守的事項繁多，投資回收期也十分漫長，業者因此容易趨於保守。當然，身爲經營者，眞心話就是：除了必要的錢之外，一毛也不想多付。

就算對他們說：「這個部分希望能爲了鄉鎮付出一點。」也不具說服力。無論訴諸多崇高的理想，或是艱深的理論，都毫無作用。相較之下更重要的，是建立起出資並非是「損失」而是「獲得」的系統。最有說服力的，還是可靠的企業性質。

這一點，也是從前早稻田商店會會長教我的。在工作上若想得到對方的信任，口頭上說「最後一定會賺錢」是沒有用的，「我們在確保自己的利潤後也能付錢給你。」的說法也同樣無用。首先，必須創立事業，讓對方嘗到三次甜頭，就能得到對方的信任。比起自己，須先讓對方得到好處。

這樣一來，如果對方是正派之人，就會說出「光是我拿好處很不好意思，你也應該得到利潤。」由此產生信賴關係，便能長久地合作下去。所謂的信賴關係，必須從讓對方實際感受到好處開始。可以說，這點放在地方建設上也是同樣適用的。

先建立事業、讓對方得到好處，建構良好的信賴關係。我在熊本，便是以這樣的前提來策畫事業。

到熊本去！關注垃圾問題

爲了讓對方獲利，同時確實做出事業成果，首先我們提供了金額不大的不動產維持管理費的削減方法。我們採取利用經費削減，將餘下金額的一部分交給業者、另一部分作爲地區活化基金持續累積的架構。經費削減不但能確實保證每個月的獲利，也能對業者承諾支付，除此之外，還能藉由累積部分作爲基金，籌到地方活化活動所需的金額。換言之，我們想出了如何不讓業者增加新的負擔，同時又能籌措出地方振興資金的架構。

如果突然有人向你提出「爲了地方拿三十萬日圓出來吧」，無論是誰都會有所抗拒。然而我們的想法是，若是能削減現有經費一百萬日圓，由其中拿三十萬日圓來投資地方事業，應該是可行的。

那麼，該如何削減經費呢？以熊本商店街的例子來說，我們著眼在「垃圾處理」。

熊本市的市中心主要有「上通」、「下通」兩個大型商店街，其中下通的小巷子裡是各式各樣的飲食街。由南先生擔任商店會長的城見町通就位在這一帶，成爲最初的「實驗場所」。

不愧是飲食街，這一帶每天生產出大量廚餘，卻沒有一棟建築物室內設置了能暫時保管垃圾的場所，而室外也沒有垃圾收集處。因此，垃圾處理的方式是店家每天在營業結束後將店內的垃圾裝進垃圾袋、丟到店門口，再由垃圾回收業者回收。

光憑想像就能知道，那是多麼悲慘的景象。馬路上只要隨處形成一小座垃圾山，就會變成「臨時垃圾收集所」，大家都會隨意在那裡丟垃圾。野貓野狗也會聚集，旁若無人地大肆覓食。有時還會有微波爐或洗衣機等非法丟棄的大型家具，很難想像那個地方是做生意的店門口。

當地的業者，儘管認識到問題點卻無解決對策，都處於不得不放任不管的狀況。

垃圾處理的正常化，意義上不僅是爲了削減經費，也是一項重要的地方課題。

聯合起來降低成本、提升品質

熊本市對此所定的規則，是由建物所有者或店家直接與垃圾回收業者簽訂合約，回收商業型垃圾。一般而言，由所有者簽約的情況，會從店家徵收名為「管理費」的費用。

然而，有一部分店家不理解規則，或是刻意忽視，有些酒店媽媽桑還直接說：「我們店裡沒有垃圾。」這是不可能的，在確認後，發現店家是把垃圾帶回家裡丟。嚴格來說，這屬違法行為，而對方連這樣的觀念都不具備。另外還有人不遵守回收時間，白天就丟棄垃圾，可以說，法外地帶不斷在擴大。

與垃圾回收業者簽訂的合約，幾乎都是照對方的出價。有些店一個月三千日圓，有些店卻高達兩萬日圓。由於從經費整體來看，處理費只占了一小部分，這類毫無章法的合約越發橫行無阻。從郊外連鎖店所簽訂的合約水準來看，市中心的金額是相當高的，做同樣的生意，在市中心丟垃圾卻必須支付更昂貴的金額，這也形成了生意上的不利條件。

因此，我們認爲必須由此處下手。重點就是將各店鋪、大樓分散的合約彙整成一份共同合約。理所當然地，將個體戶與垃圾回收業者簽訂的合約集結起來的話，規模擴大、交涉力更強，更能有效地設計回收路線，經費因此得以降低。

重要的不只是殺價，是提出讓對方降價的理由。垃圾回收業者也是在做買賣，必須提出他們所能認同的條件。我們承諾的是：幫他們納管各店鋪，由我方負責收集每個月的回收費用，並設計高效率的回收路線，將回收時間也規則化，並確保加盟店鋪遵守。

做到這樣的地步，對方不必支付業務、資金回收的人事費用，還能消除資金回收短少的風險。再加上回收路線若能效率化、作業時間減少，也能再度減輕人事費負擔。

建構起這樣的架構後，爲了募集加盟大樓和店家，我們首先召集地方建物的所有者與店主，召開了多次說明會。從管理開始說起，延伸到垃圾回收的共同合約，解釋爲何「大家一起簽約一定比較划算」。這樣的過程重複了無數次。

經過一年的時間我們吸引了一定程度的贊同者。接下來比起討論更重要的是實證，實際上的行動也能讓大家更快地理解。光是說明計畫，還是有許多人無法相信效果。這也是爲什麼，包括我在內的四個人合資成立了公司。第一件工作，就是幫助贊同我們的業主大樓裡的五十四間加盟商店，與一垃圾回收業者簽訂了共同合約。

結果，我們一年成功削減了總計一百七十萬日圓的經費，且店家遵守回收路線與時間，放置在馬路上的垃圾也因此減少了。由此證明，將整個鄉鎮聯合起來，不只能削減經費，同時也能改善景觀。

徹底執行「三分之一原則」

此處最大的重點是，沒有人有損失或感到勉強。基本上只是更換了合約，訂定丟垃圾的場所和時間，就改善了問題。有的管理者因此調低了管理費，也因此收到店家又驚又喜的感謝。這也難怪，一般業者會聯絡店家，通常不是發生紛爭就是爲了要漲價。

此外，熊本城東管理是一般的營利公司，自然會向業者從削減的經費差額中收取部分作爲手續費。另外，再將其中一部分投資到地方，不這麼做的話一切就沒有意義。

我們將此稱爲「三分之一原則」。若光是將減少的經費與業者對分，這筆利潤在當下就會分配結束，因此我們制定了規則：必須將三分之一的金額做爲未來投資基金加以累計，再投資到地方上。

實際上，在熊本，這筆資金有時會捐給清掃環境的地方公益團體，有時會贊助當地電台廣播節目，開設介紹新店鋪的單元。最近，還舉辦了在街上召開

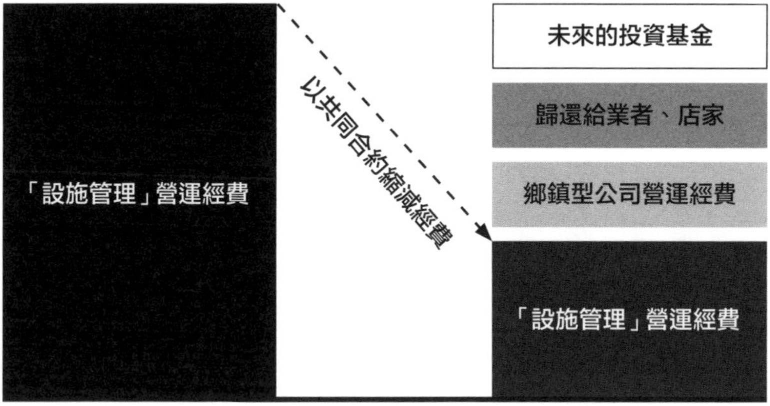

圖 1-1「三分之一」原則

的市集，並成立共享辦公室等，擴大了對鄉鎮的投資。

每月為此召開「種子市集」（SEED MARKET），為想創業、開店的人（付費）開店，此市集如文字所示，含有「播種」的意義。在市集裡累積了營業額，不久後有可能會進駐空置店鋪、正式開展生意。現在我們也在進行「活用空置大樓的改裝型共有店鋪」企畫。不讓經費削減與利潤分配就此終止，創造讓資金不斷流動、運轉的結構，是非常重要的。

無論如何，我們的企圖具體地成形，讓地方人士看見成果，面對心存懷疑對於加入有所猶豫的業者，我們也終於能抱著自信做說明。以往就算口頭上說得再有信心，心中還是有股「不知道會變得怎麼樣」的不安。而此時，得到的成果足以化爲心中的確信，完成接續下個階段的重要一步。

「打招呼」的真正理由

在新的土地上成立事業時，「打招呼」很重要。

當我們在思考差不多要將熊本的企畫事業化時，開始詢問當地的經濟團體、地方政府參與的鄉鎮公司，詢問共同合作的意願。因爲有人反映，當地的事業還是希望能透過有多數當地人參與的組織來進行，但公司社長思索了一陣子後，如此說道：

「這間公司做決策將會相當困難，還是作罷比較好。」

原因出在組織由多家企業聯合出資的，不一一向每家出資企業徵詢意願的話什麼都做不了。

我心想：「想做的事都沒有辦法做的話，一切又是爲了什麼？」但另一方面，我也有過類似的經驗。的確，在擔任商店街網絡社長時，我就連一筆資金的用法都會被全國的出資者一一質疑。「不得到整體成員的共識，就不能行動」是日本根深柢固的陋習。儘管在不同的土地上，習慣卻是相同的。

「所以我覺得這項事業還是你們自己來比較好。如果需要錢的話，我可以個人出資。」

這是社長的回答。其實我們並非一定需要他們的幫助。如前所述，將大樓的經營效率化、創造出地方振興的財源，這種區域設施管理方式並不需要龐大的投資。比起資金，以新來者所成立的公司而言，我們更希望能盡到扎根於當地的道義罷了。

雖然當時這位社長給予建設性意見，但當地經濟團體的專務董事卻極力反對。

「怎麼能隨便亂來！」、「讓當地企業互相競爭降價，絕對不行！」我們受到了嚴厲的指責。的確，此做法從某種角度看來是這樣沒錯，但高額的處理費用光是讓地方商店負擔也很奇怪。我的實踐決心並未因此改變。

凡是新的行動，一定無法讓所有人都能認同。只要確實執行、在推動上遵守禮儀，一開始強烈反對的人最後也會卸甲倒戈。初期時，適當地「忽視」這些聲音也很重要。

之後，在各地成立新事業時，我一定會像這樣一一拜訪打招呼。表面上看似是爲了邀請對方「共襄盛舉」，心中其實沒有抱著期待，對方也幾乎沒有接受過我的邀請。簡單來說，這是爲了讓我們能自由行動的「必經儀式」。

如果之後又有人說：「我們沒聽過這件事。」事情會變得很麻煩，而且，也有百分之一、也許千分之一的機會，對方可能會幫忙。最好不要抱持任何期待，卻也不必畏畏縮縮地說明，只是拜訪一次的說明花不了多少力氣或時間。

在地方上，越是引人注目的事業，就越可能遭到當地的反對。在地方振興的業界，新的舉動總是會遭人非議。無論再優秀，或是對地方再有貢獻的事業都無法成爲例外。這雖然令人悲傷，卻是不爭的事實。因此，必須取得先機、照道理辦事。只要自己行事符合標準，無論對方說什麼都可以不爲所動。

競爭，有何不可？

與垃圾回收業者的合約簽訂，當初並不順利。其中一例是，第一年簽約的業者在第二年突然提出漲價。

當時，我們重新發標，但又發生地方有力業者彼此「喬」標，導致標價都偏高。當時我深刻地體會到，「想的」與「做的」果然完全是兩回事。

於是，我們與獨立性相對較高的第三方業者交涉，請他們出價，才終於以合理的金額簽訂合約。從各個業者的角度來看，當然都不希望降價，但問題是不公正的狀態持續橫行。地方都市的競爭環境不夠完善，像這樣由業界來「喬」的話，越是沒有談判力的中小型店鋪就會越吃虧。大型連鎖店可以電子化競標，有時也會引進縣外的業者，但中小型店鋪無法這樣做，經常吃虧。

從商業常識來思考，競爭所產生的切磋、琢磨，可以提高生產性，對企業成長來說是必要的，而鄉鎮發展也是一樣。城鎮要與其他的城鎮競爭，不論是市區中心或郊外的城鎮都一樣。爲了提升生產性，若不改善這種不當的「喬」的做法，店家只會越來越少。

垃圾業者利用商店街不當牟利，這就等於商店街付出了多餘的經費，會造成商店街的競爭力減弱。

即便如此，仍有人堅持經費削減是「搶奪大餅的行爲」、「沒有生產力的事」，正因這種偷懶的想法，地方才會不斷衰退。換言之，問題就在於仍有不少人認眞地認爲「沒有效率是好事」。對現有規則毫不質疑、加上傾向維持明顯沒有效率的做法，這樣的態度無法對地方活化帶來任何貢獻。

為了創造合理的機制並不斷改善，削減經費是極爲正常的做法。將效率化後的勞力或資金繼續投資在其他項目，這樣的連鎖將能改善整個社會。

重要的不是領導者的魅力，而是制度

我和夥伴在二〇〇八年於熊本成立公司、展開事業，大約經過七年。其中經歷過不少曲折，不過有幾件事是可以確定確實在好轉的。

首先，現在事業不光是城見町通，還擴展到了下通的其他區域甚至上通等地，參與店鋪的數量約有一百七十間，我們的夥伴已逐漸增加。與合約改善前相比，每年節省了共四百萬日圓以上的經費。同時，路上的垃圾山也減少了，簽約店鋪會在指定的場所丟棄垃圾，垃圾也會貼上標籤。當然，公司自創業以來營收持續是正數。而獲利就像之前提到的，會再次投入提升鄉鎮魅力的投資。重要的，不是運用所有獲利，而是將獲利再投資在鄉鎮所需要的事業上。

簡而言之，基本上獲利要用於吸引新的人潮進入鄉鎮，而且不是那種一次性的「祭典」，目標是創造「投資吸引投資」的良性循環。

重要的是創造出這樣的制度，以及因應需求的臨機變動。一開始需要極大的精力，但只要制度完善，實踐的成員就算交替或增加也能運轉自如。我想即便是負責人退出，也能繼續發揮功用吧。

相反地，倘若組織擁有的是一個深具魅力或極權的領導者，但當個人不持續努力就無法維持運作，這樣的系統是相當脆弱的，有可能在某處早已出現破綻。這不正是當今的組織常見的模式嗎？當領導者突然消失，制度就整體瓦解。

「鄉鎮型公司」的顧客是誰？

讓事業的「目標」與「客群」明確化

以往在各地所推行的「地方振興」事業，往往只是喊出「創造更美好的鄉鎮」這種曖昧口號，並未嚴格地面對事業的收支情況，自然收不到成效。

如何創造出地方的收入、盡可能節省事業經費、關注收益、將收益連結到地方的再次投資，有思考到這個程度，才有可能藉由「地方振興」、「地區活化」為地方經濟帶來變化、創造利潤，活動本身作為事業也才能成立，具備實效。

為了明確地共享這項觀念，本書中將使用「鄉鎮公司」一詞，希望能與傳統上以第三部門等為中心籌畫的ＴＭＯ機關[2]所經常使用的「鄉鎮建設公司」有所區隔。

「鄉鎮公司」對一般人而言也許有點陌生，它並非活動或顧問公司，更不是義工團體。鄉鎮公司由鄉鎮的業者共同成立，事業項目是改善各個不動產或店鋪、進而提升區域價值，是擁有明確目的、收入來源與顧客的事業。

就「熊本城東管理公司」而言，目的在於改善位於熊本城東地區的上通、下通等商業區域的不動產經營，我們的顧客是業者。讓這一點很明確是至關緊要的。

與一般的生意相同，在考慮主要客群時，想要囊括「小孩到老人」的生意並不可行。當你無法定出自己的顧客群，等於不清楚自己在做什麼，做出來的商品或服務最終沒有人會需要。鄉鎮公司亦是如此。

2 ＴＭＯ（Town Management Organization）：城鎮管理機關，多由工會、商會、非營利組織，或政府與民間共同出資的企業所組成。

鄉鎮公司的顧客主要是業者。我們必須爲了他們，更進一步設定客戶類型，具體地提案。

鄉鎮公司的主要業務包括：盡可能降低顧客所持有的不動產的維持管理經費、對空置樓層進行改裝提升價值、藉由高毛利率的新店鋪進駐提升營業額、盡可能美化該不動產所在的道路環境並促進活用、提升地區整體的資產價值等。

既有不動產的再生事業，不僅是幫助業者控制新事業的投資規模，對承租者而言比起進駐新建物成本較低也是優點之一，如果開設的店家可以提供鄉鎮新的魅力商品或服務，也能讓當地的消費者享受生活樂趣。

換言之，對鄉鎮公司而言，若業者是第一層顧客的話，店家就是第二層顧客，而一般消費者則是第三層顧客。若連第三層顧客都能感受到好處，結果就意味了整體鄉鎮的繁榮。以「爲了鄉鎮的每一個人」將所有的顧客混爲一談，這種曖昧的說法是不行的。

若是認眞地要促進鄉鎮活化，鄉鎮公司首先要對第一層顧客也就是業者提供服務，讓該事業獲利是最大前提。而效果，自然會擴及到第二層、第三層顧客。

除了我們，尙有許多以地方建設爲主要業務的公司，或是標榜「地區活化」的企畫專案。然而，進展不順利的組織往往是因爲「誰能獲利」這個部分不夠明確。我不像美國業者敢斷言「地方建設就是資產管理」，但爲了讓鄉鎮發展良好，首先必須意識到要改善誰，以及如何改善。

若這個部分不明確，就無法提出具體方案，沒有人能得到好處。結果，就會演變成在「爲了所有人好」這樣曖昧的目的下，事業完全在依靠稅金。

由業者來提高鄉鎮價值

在本章最後，我想介紹以「熊本城東管理」展開的以業者爲對象的事業中，被我們視爲模範的模式。

這是在國外被稱爲「商業改良區[3]（Business Improvement Districts；BIDs）」的政策暨事業。在特定地區，由業者以類似繳納固定資產稅的形式共同出資，投資能改善地區的事業、提升資產價值。在地方再生領域中，已被美、英、德、澳洲與紐西蘭等世界各國採用。

BID的重點正如本章開頭所述，不是由單一業者，而是由複數業者進行合作。要提升資產價值，光是改善自己的不動產畢竟有所極限。就算自己的房屋再怎麼華麗，如果隔壁是垃圾屋的話，我想應該沒有人想進駐吧。周邊環境治安不良，或路面髒汙，也會造成資產價值下滑。爲了防止這樣的情況，地區整體應該由業者共同合作，經常性地改善周邊環境。放置不管的話，鄉鎮的魅

3　商業改良區：源自美國的地方都市管理制度。由政府劃定一個特定範圍，經劃定地區內的所有權人和零售商半數以上同意，可向政府申請成立該商業區的管理委員會。商業改良區內為自我管理，政府僅扮演監督的角色，而管理委員會可向地區內店家課徵管理費，使用於該地區的環境維護與改良。此種新的管理制度免去了政治過程的不確定性與耗時的行政作業，挽救了許多舊商業區，引起各國仿效。

力，換言之也就是不動產價值就無法提高。

而將這樣的概念與結構確實地規則化，可以說是嶄新的做法。舉例來說，在美國紐約州有一項規定，只要設定區域當中占整體面積51%以上的業者贊成一項事業的話，就算剩下的49%反對，也須共同負擔五年期的金額。

這條法律已存在三十年以上，實際上內容並非由國家或州政府制訂。一開始在沒有制度的情況下，首先是由民間開啓事業，做出成果，之後才向政府提案，制訂了這套社會制度。

這的確是非常合理的想法，當部分土地的資產價值下降，政府對該區域實施特別待遇進行重建是極爲困難的。「爲什麼要專門拯救這個地區呢？」其他地區居民會發出這樣的不滿，更別說若是這樣的活動會造成地方政府財政緊繃了。

這套BID架構正是在一九七〇年代，也就是美國經濟最蕭條、州政府財政最困難的時期裡，民間的智慧所產生的制度。這項事實顯示出一件事——到了最後的最後，能拯救地區或鄉鎮的，只有業者。就算是政府也無法強制民間的資產必須活用，而絕大部分的土地面積是由民間持有。所以若民間放棄，任由政府去管理，事情就沒救了。

我認為無論是都市中心、觀光地、農地，還是山林都是一樣的。如果在那些土地上擁有資產的人不願意擔當風險的話，又能期待旁人做出什麼成果呢？

「當事者意識」是一切的關鍵

另一方面，在以業者為中心來推進地方振興尚未成為主流、應挺身而出的人沒有站出來之前，有些人在鄉鎮投資上沒有出到任何一毛錢，卻只要稍有不滿就會跑到鄉鎮公所去拜託「想想辦法吧！」、「坐享其成」的意識充斥。

此外，這些人仍對「不動產價值是由景氣來決定」、「鄉鎮價值由政府創造」深信不疑。這可以說是由於戰後政府主導的機制運轉良好，導致個人挺身而出的意識降低。

因應這樣的希望，官方投入稅金進行大規模的再開發，但現在卻演變成開發完成後店家數量不足，結果造成更嚴重的衰退。提供土地的業者可以賣掉土地後轉身離開，而這代表了他們決定「捨棄這個鄉鎮」。

所謂的「鐵捲門街」上還有其他商店，其實大部分情況並不是特別嚴重。這樣的商店街常被媒體報導形容爲「地方經濟衰退的象徵」，但不一定要單由這樣的角度來看。

能任由位於大馬路上的物件空置，是業者還沒走到捉襟見肘的證據。如果眞是經營狀況到了窘迫不堪的地步，土地或物件應該會被銀行全數抵押。正因他們還有餘力，才能對破舊的房子放置不管。然而，就算業者本身的生活無虞，但破舊的房子放置不理，好幾間集合起來的話，就會降低地區的價值。我們將這些人毫無自覺的態度揶揄爲「對鄉鎮的公然猥褻」。

其背景是業者的公共意識稀薄，他們認爲自己的資產屬於個人，並非是與周遭地區連結。所以，自己的資產能隨自己想法處置。若地主並非住在當地的話，對鄉鎮就更沒有興趣或感情了。

我一再地重複，要是業者不先拿出決心的話，地方就無路可走。外部的人無法擅自對房地產動手，且無論如何提案，決定權還是掌握在業者手上。無論政府投入再大筆的稅金進行開發，1％的地上蓋了華美的建築物，若剩下99％被放任不管的話，鄉鎮也不會有所改善。鄉鎮的主權，掌握在業者手上。

如果全國各地掌握當地主權的人，沒有當事者意識的話，再怎麼優秀的手法也無法發揮效用。這群人是否擁有這樣的想法，可以左右今後國家「地方振興」的方向。

第二章

地方創生成功的「10條鐵則」

地方建設事業的「開發投資團隊」

成立「熊本城東管理」的隔年，二〇〇九年我與全國夥伴共同創立了「一般社團法人地方創生聯盟（Area Innovation Alliance; AIA）」。

在早稻田的活動裡，我親眼目睹了商店會做出成果後被刊登於先進地區區公所的「成功事例集」，爾後同樣方式以結合補助金的形式被推廣到其他地區，最終卻走向失敗。再加上我也體驗了早稻田本身作為先進地區模範事業獲得預算補助後，體制本身走向崩壞的過程。

為斷絕這種地域活化中的負面連鎖，ＡＩＡ採取民間主導，設立目的在於開發可以確實留下成果的事業，再以其成果為基礎，擴展到其他地區。創立成員均是在全國各地的當地實踐者，在當地互相合作，學習彼此的手法，沒有依賴稅金的必要。企圖以民間的力量創造嶄新的地方創生方法、加以實踐，並將其內容積極地傳播到全國各地，這正是「地方創生聯盟」的意義所在。就此意義而言，組織的性質可說介於公司與工會之間。

ＡＩＡ並非所謂的顧問公司，因爲我們並不會對全國的「鄉鎮公司」提供建議。

當你的目標是要改變現狀、創立事業，沒有地區能光靠建議就開始實行。我們的宗旨在於和當地的業者（不動產所有者）共同創建事業，分擔業務，依情況也會共同出資成立公司，分擔風險。

ＡＩＡ的獲利方式是以成立的公司創造利潤再由利潤當中得到收入，另外還有收入來自以當地獲取的知識爲情報基礎作傳播，並進行政策相關的調查研究從該內容獲得收入。創造獲利後，再度投資在地方所需的事業開發。

在實際的經營過程裡，難免會遇到許多當初在計畫階段沒有預想到的課題，對此想出跨越困難的方法、檢驗成果或失敗原因，加以累積再統整爲具體的報告，這套方法論本身會成爲各地共同累積起的財產。

將這套方法傳送給在各地希望創業的業者，活用在各自的地方建設上，再創造出更先進的手法，這是ＡＩＡ的基本模式。就此意義來看，此組織比起業務或製造部門，也許更接近「技術研發」團隊。事業的細節只有眞正參與實務的人最懂，第三章也會提及，若僅是事後聽取匯總的情報，對於實務上毫無用處，因此情報由親自在當地參與實務的成員整理成系統化資料是相當重要的。

我們的宗旨是「親力親爲主義」，任何事不假他人，當地成員在可能範圍內做出成果，並以整體領域的發展爲目標。這點對於以往慣於依靠他人的地方活化活動是非常重要的。

比起金錢，覺悟更重要

從事這種相關工作的關係，我有幸受到全國許多「煩惱地區」的邀請。雖然令人感激，但我在頭一次拜訪當地前，都會回答他們：「如果只是想聽意見的話，我就無法接受您的請託。」若是「想實際在當地成立事業」的話，我會全力配合事業開發，但若只是想聽點「成功案例」，我本人並不是相聲人士，無法回應這樣的期待。

被邀請到當地後，我首先會以「過去的常識是今日的非常識」爲標題，談到擴大型經濟時代的常規已完全無法適用、這種失敗正不斷地上演。由於否定了過去，有些人會因此感到不快，內容幾乎可以讓我被列入「不再邀請的演講人名單」。

「即使這樣還是想試試看！」我只去有這樣強烈動機的地區說明自己的方針，我會事先拜託當地人士要有所覺悟。一開始就告訴他們最艱難的事，是爲了讓他們下定決心。重要的不是金錢，而是覺悟。錢的話可以大家一起賺，但覺悟只能由個人來下。

你會為地方掏出口袋的錢嗎？

做好覺悟後，接下來就要來談錢了。最重要的前提，首先是由直接接受地區活化好處的人——業者，再加上借由提出企畫獲利的我們來出錢，共同努力。正如前章所述，一切都從這裡開始。這是以往習慣於「以成功案例作誘餌，將工作全丟給顧問公司，財源則用稅金支付」的日本式「地區活化」中罕見的想法，因此會讓許多人大吃一驚。

話雖如此，先行投資的額度並不高。依事業內容不同，但若是第一章中介紹的以統一契約來進行的經費統一事業，只要數人分別拿出數十到百萬日圓程度就足以涵括初期投資，一到兩年即可回收。雖然這不是小數目，但也並非業者、地方名士，或背負地方命運的人士負擔不起的金額。

然而，現實當中，即使是這樣的金額願意爲地方出資的人還是不多。對自己的聚餐費、給孩子孫子的壓歲錢就絲毫不吝嗇，也有幫女兒買車或去國外旅行的錢，但說到爲守護自己的鄉鎮出錢卻遲疑不決。

換言之，這就是本人並沒有認眞考慮地方活化這件事。若是本人都不認眞的話，還有其他人會認眞嗎？就算有再多能做出成果的方法，但以半吊子的覺悟是無法實現的，事情沒有輕輕鬆鬆就能獲取果實的捷徑。

在演講中說這些，幾乎沒有人能反駁，地方人士都深有同感，甚至有人誇獎我「說得太好了！」

然而，一旦具體問到「那麼，大家願意爲自己的鄉鎮投資多少錢呢？」所有人就同時低頭不語。也就是說，沒有人當成是自己的問題。

有人會說像我這樣外地來的人，只是擅長批評的評論家，但並非如此。即使是出生於當地的人，也不乏「評論家」，他們認爲地方的衰退和自己的問題是分開的，更別提就連自己擁有的不動產都是閒置的，該想辦法解決的人也是這種態度的話，就毫無辦法了。

我拜訪了全國各地，結果會積極地實際採取行動的人，一百人裡面最多只有一人。

究竟是爲什麼？

相信有很大一部分是由於我的能力不足、說明不夠，但另一方面，無法否認來自至今仍根深柢固的「行政機關依賴」傾向。平時滿口抱怨說「政府官員都是笨蛋」，但一說到地方創生就認為是政府的工作，想依靠政府，這樣的人不在少數。他們期待政府官員為他們建構地方創生的藍圖，還想著幸運的話也許能得到一筆補助金。

當然，要推進地方活化事業也需要政府的協助，但光是依靠政府無法改變地方。行政機關原本就不是為了產生變化所組成的組織。

如果讀了本書的你是認真想改變鄉鎮的那「百分之一」，也不須感到悲觀。要改變鄉鎮，比起一百個人的同意，更需要的是一個人的覺悟。即使九十九個人都放棄了，只要有一個人下定決心挺身而出，我們也能在覺悟下，邁出步伐。

沒落鄉鎮的「藉口模式」

沒有採取行動的鄉鎮居民有一個共通點，他們都帶有一種特別意識，認為「我們的鄉鎮和其他地方不同」。

「我們的鄉鎮特別封閉。」

「這個地區的人本來就都比較慎重。」

「我們這裡的風氣就是會打出頭鳥。」

「這裡沒有能引領大家的領袖。」

這些例子都是全國共通，其中的邏輯是因爲自己的地區的特殊強大壓力而無法有所作爲。

接下來常聽到的，就是地理上的特徵。

「因爲這裡是深山啊。」

「我們是沿海地區。」

「這裡會下雪喔。」

「每年都會有颱風經過啊。」

反之，也會有人一臉嚴肅地告訴我們「因爲這裡既沒有颱風，也沒有大雪，氣候穩定，所以居民生性比較悠哉」，即便事實眞是如此，在討論如何防止地方衰退時，這些不過是藉口。周遭的人再悠閒度日，只要自己不一樣就可以了。

其他，還常出現歷史、文化相關的例子。

「江戶時代某動亂時，我們的將軍不戰而逃，從那之後，逃亡就變成我們的文化了。」

「我們曾是幕府直轄領地，跟其他地方可不一樣。」

「地方上有座大寺廟，我們的生意對象只考慮寺廟往來的人。」

這些理由寫也寫不完，換句話說：這些爲加強「自己的地方特別困難，沒那麼簡單」和「我們做不到」的訊息會源源不絕地出現。

然而，說實在話，光說出這些藉口，衰退不會停止。如果這些種種「因爲……所以做不到」是當地共識的話，那麼像我們這樣微小的存在也無法做什麼。我們無法改變封閉的環境、氣候、歷史與文化。

然而，若不找藉口，願意「挑戰能力所及的事」，那麼我們可以助其一臂之力。並非地方當地人的我，爲何能與各地方人士一同從事這些活動呢？不是因爲當地風氣開放、氣候宜人，或是和歷史文化有什麼淵源，而是有一批地方人士不找任何藉口、抱定覺悟。問題不在能不能做到，而是要不要去做。

話說回來，像這類問題並非只限於地方問題。舉例而言，與在大城市工作的上班族談話時，也可以經常聽到「這是我們公司的方針」、「我們公司的人都很文靜」等藉口。那何不去改變自己能改變的地方呢？將所有責任推到「風氣」、「氛圍」，就沒有人會被指責，這樣也許很輕鬆，但長此以往，組織只會不斷腐敗。

大多數的聰明人，面對這樣的組織會選擇跳槽，而地方也是一樣。越是聰明的人，越會選擇離開，遷到其他地方。因爲比起改變整個地區，改變自己的住處要簡單也更現實多了。

正因如此，背負地方的人不論是業者或基礎產業的經營者等，不找藉口、下定決心，去付諸行動是非常重要的。

話雖如此，知易行難。雖然書中寫得斬釘截鐵，但其實我本人也常受到情況控制，與安逸心態的自己不斷交戰。人一旦鬆懈下來，就開始會想找藉口。在各地一起推動事業的夥伴也是一樣。

正因如此，在這樣的環境下，要如何展開地方創生事業呢？這需要下各種工夫。

下面為大家介紹的，是我在實務累積下所確信的、基本的必勝模式。我將它統整成「10條鐵則」。

鐵則① 從小處開始

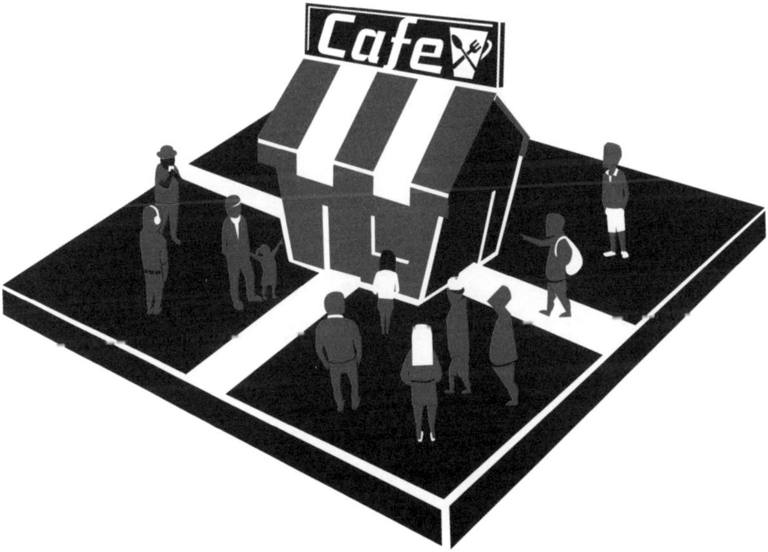

就從一間店鋪來改變地方

無論在什麼地方，一定都有不服從「地方氣氛」的人。即使乍看之下死氣沉沉、毫不起眼的鄉鎮，這些人也都隱藏在某處，只是尚未被發現而已。就地方溝通的層面而言，這樣的人有時會被當地群體視為麻煩人物，但他們也是主動開創店鋪、試著為地方找出一條路的挑戰者。可以透過介紹，或實際走訪鄉鎮找出這樣的人物，以此為起點開始思考。光是召集一大群市民來開會，也許能整理問題和聽取意見，但卻難以找到願意實際付諸行動、解決問題的人。一開始只有少數幾人也無所謂。有時把事情想得太宏大，對改變地區的行動而言反而有反效果。

能在地方創生中做出成果的，往往不是團結一致的大團體，而是這些能痛下決心、不畏孤獨的少數人。就算是從一間店鋪開始，也能為該地區帶來改變。

接下來，就來介紹一個實際案例。

距今大約十年前，在兵庫縣丹波市柏原町的山間地區，有人發起了將古民屋改建成義大利餐廳的項目（參與這項計畫的加藤寬之先生現在與我們共同運作關西AIA），計畫內容是打造一間提供正統義式料理的店，譬如會由廚藝精湛的主廚推出自製生火腿等。但由於資金有限，裝修是由一群學生共同親手完成。

據說開店前，他們聚集了當地的居民召開說明會，獲得的意見相當嚴苛。像是「在我們這個地方，沒有人會去吃義大利麵這種時髦料理」、「就是因爲沒有需求，這裡才沒有時髦的店」等。

即便如此，加藤先生毫不氣餒，果敢地進行了這項計畫。就結果而言，現在這間店仍然經營良好。我本身也曾前往拜訪，活用丹波當地食材所做出的料理眞是美味極了。說實話，就連我一開始也對這間店能否在這樣的地方經營下去半信半疑，但聽老闆說，現在不僅是當地居民，就連遠地的人都會專程開車前來光顧呢。

要是當時他們聽從了當地「主流聲音」的意見，恐怕這間店就不會存在了。然而，沒有人是心懷惡意的。就算是我，當初要是聽到有人要在此地開正統的義大利餐廳，客觀判斷下也許也會說出「很困難」這樣的意見。但正因為有一群抱定決心的人不找任何藉口，為創造更好的店鋪默默耕耘、開發美味的菜單、每天踏踏實實地開店，才能穩定客源，讓店鋪經營走上軌道。

這樣的一間店，帶起了周邊效應。由於這間店生意興隆，周圍的店鋪也開始增加。也就是說，一間小小的義大利餐廳，化身為整個地區的「變化的核心」。受到穩定經營的店鋪吸引，其他的店也慢慢增加，這樣的累積將造成地區的改變。而外地來的訪客，也能為該地區帶來不少刺激。

現今，若不是大城市的都心地帶，已經鮮少地區性的大規模再開發，即便有，如果不具差異化的明確戰略也會失敗。由有意願的人在自己的可行範圍內「促進新陳代謝」，才可能將地方一點一點地改變。想要「一局逆轉」只是天方夜譚。

問題是，像前例中，地方人士自以為好意，對於新的挑戰提出了消極建議，導致大家有所顧慮，意志薄弱下毫無作為。當然，新事業不見得會成功，但若毫無建樹，地方只會不斷衰退，一切還是值得一試。光是新增了一間店鋪就是非常大的變化了。

對於地方創生的事業，在尚未成形的階段要贊同或許不是簡單的事，但重要的是，當自己沒有參與又被徵詢意見時，不要做不必要的發言。我個人也是，對於本身不參與的企畫在被詢問建議時，不會輕率地評論。

因為地方創生的許多環節裡，什麼方法好、什麼方法不好，都是沒有試過不會有答案的。若有一、兩個協助者出現，那就先挑戰再說。讓微小的挑戰在地方不斷出現，只要其中一個能夠成形，就能為地方帶來未來的希望。重要的是，地方能先容忍這些小型的挑戰。

正如第一章中所述，當我們在啓動「熊本城東管理」時，一開始也僅有四個夥伴。而在我們實實在在地持續活動的過程中，同伴也逐漸增加，慢慢收到各式各樣的提案，成立了新的企畫案。

「由小處開始」若換成「精實創業（Lean Starup）」這個說法，其實正是現今的創業潮流。一開始即便規模小也先嘗試看看，重要的是，借此培育整個地區的過程。

鎖定目標客群（Target）

如第一章所述，想在一個地方展店時，比任何事情都更重要的就是確實地訂定方向性。以餐廳的例子而言，能明確提出方針，例如「以年輕女性爲目標的披薩店」的人，才能決一勝負。這種概念對於熟悉商業的人應該算是常識。

事實上，即便如此定義仍相當曖昧，爲了更確實獲得顧客，必須更進一步縮小範圍，提升準確度。例如，將客群定爲「住在當地共一百人的三十歲到四十歲人會使用的店」，並在該店集合這一百個人舉辦活動，與他們變得熟絡。必須準確到這樣的程度。

然而，地方創生往往會出現概念模糊不定的店或設施，如標榜「爲當地居民提供溝通場所」，就是一種典型，這樣的概念等於什麼也沒說。發起者沒有明確的使用者形象的話，這樣的設施也沒有人會靠近，結果從營業開始就乏人問津，最終落寞地停業。

地方創生的事業重要的是「鮮明的個性」，產品要能讓使用者認爲：「這就是我生活中所缺乏的東西！」

今日的時代，大家追求的不再是一個能涵蓋所有人需求的大型設施，而是小型、特殊化的設施的集結，這樣最終反而能落實有更多人利用的環境。

累積多家獨特店鋪

正是因爲公家機關沒有參與，才能做到投入特殊定點的事業。

不只是設施或店鋪開發，只要使用了政府稅金來辦的事業，就不能優待特定對象。要是優待了老人，就會有人說「年輕人的生活比較辛苦」，優待了年輕人又會被批判「福利不夠周全」，因此想法不得已會成爲毫無遺漏的「溝通場所」。然而，反過來想，那會變成一個無論哪個世代或屬性的人都不特別需要的地方。這就是考慮到要讓所有人都能使用，最後卻變成誰都不需要的陷阱。

而以民間爲基礎的事業，不必顧慮誰，也能限定方向性和目標客群。從小規模開始做起的話，資金規模符合自身格局會更恰當，並不需要過多的無謂投資。此外，也能避免陷入「大賺一筆一次反轉」的妄想，造成事情朝錯誤的方向前進。實際上，除了政府單位之外籌措不到任何資金的事業，由民間來做也是沒有意義的。

同時，我們也不能忽視一點：民間才能進行民主化的「選擇與集中」。若要問民間事業與公共事業，哪一方的決策過程較爲民主？我的答案絕對是民間事業。

公家機關的決策，雖然能由政治系統來保證一定的公正，但有些個別案件實際上還是多由部分的決策者決定。另一方面，在民間，當決策由少數人進行時，對於實現的可能性或做法不得不更嚴肅地探尋，必然是經過一番徹底討論才決定方針。

另外，地方具有多樣性，從這層意義來看，在地方創生中「民間的活躍」也深具意義。有人會說，民間會創造出專門服務一部分人的設施或服務，那麼對象外的人就會遭到排除。但是，當地方上成立了一個嶄新的小型事業，是否就會讓非服務對象的族群感到難以居住呢？我認爲答案並非如此。

在我的感覺中，民主化的過程之所以能順利達成，正是因爲民間率先創造出了小型且多樣化的事物。獨特的店鋪即使不被一般多數人需要，但對於部分族群而言，確實是必要之物。

當地方上獨特的店鋪或設施增加，選擇變得更多樣性，就整體來看，結果誰都沒有被排除。重要的，是如何創造出地方整體的多樣性，我們必須揮別「一個事業就涵括全部」的表面平等理論，對於個別族群眞正需要的元素，以多樣、多數的方式持續累積。這樣微小的積累，正是打造安居樂業的地方所不可或缺的。

累積多數的獨特元素，以此爲目標不斷嘗試後發現錯誤，這樣的過程本身就能挖掘出民間的潛力，成爲改變地方的原動力。

鐵則② 不要依賴補助金

依賴補助金的惡性循環

大家都知道，當今日本政府將「地方創生」視爲重要施政課題，因應此政策，包括中央和地方政府都擴增了地方振興相關的補助金項目，組織在機制上也更傾向尊重地方的自主性。

這看似是令人感激的政策，尤其是對準備提出什麼企畫的人，應該會認爲在大海中撈到了浮木吧。

但事實卻是完全相反。補助金就像毒品，只要服過一次，就再也無法沒有它，服用的人可能就此成爲「廢人」。

稅金，原是爲了不考慮商業性的社會制度而存在的。從得到補助金的那一刻開始，事業就會失去原本的機能，不再是有人須支付報酬的組織，狀況甚至會演變爲沒有補助金就無法持續。

補助金有所謂的事業項目，「做了這些事就給予補助金」，像這樣一開始就規定了用途。如此一來，目的變成是獲取補助金，大家都只會去做政府獎勵的項目。

此外，補助金項目通常會以「將某地區的成功案例直接導入其他地區」為前提，這就像是在說：「請用補助金模仿同樣的事。」換句話說，政府不過是在獎勵大家模仿其他地區的架構。

各地區各有其特色，很難達成「同一事業、同一成果」的目標。所以即使地方獲得了補助金，也不一定能成功。

忽視各個地區的不同問題、團隊資金與人脈的差異，只推動適用補助金的事業，這樣眞的能促進地方的活化嗎？我們可以看看現在的地方現狀，結果可說不言而喻。

無論再怎麼揮灑補助金，只有鎖定補助金又擅長周旋的人士會一時得利，完全無法連接到地區整體的活化。然而，這副情景看在多數人眼中，更容易做出「拿到補助金的一方比較有利」的判斷，進而只從事適用補助金項目的事業。長此以往，地方創生的參與者，除了官方項目的事業以外，針對地方活化自行思考的能力將會逐漸喪失……

換言之，就是陷入「依賴補助金的惡性循環」。

「吉祥物＝地區活化」是天大的誤解

某些一次性的活動可說是此類誤解的典型。只求搭上「小吃」、「吉祥物」等流行，把活動完全包給公關公司，匯集了一定程度的人潮就認定「大功告成」。並不是說聚集人潮不好，但在地方創生上，對於地方是好是壞不該由人潮聚集了多少來判斷，而是必須確實檢驗：對於參與該活動的事業者、提供場所的業者，或公部門，活動提供了多少利益。

即便活動如何盛況空前，參與的事業呈現虧損的話就沒有意義。若再以稅金去填補該虧損，根本就是本末倒置。在聚集人潮方面也是，如果活動結束後就像退潮般顧客消失一空，那也毫無意義。主辦方只是以高額稅金買了一時的熱鬧罷了。只要是無法持續創出利潤的事業，就可以斷言該事業作爲地方活化事業是多餘的。

第一章也提到過，所謂地方活化必須能「透過事業推動經濟，爲地方產出新的收益」，爲此必須創造出與以往不同的事業構造。

再說，補助金項目裡的模範案例，有相當多的案例正是因爲沒有補助金才能順利推動。這些組織確切地思考經營方式、嘗試後發現錯誤，才把事業推上軌道，並非是因爲獲得補助金才得到成果。用補助金去模仿沒有補助金而獲取成績的組織或活動，結果只會以劣質的模仿告終。

舉例而言，有的項目事業只要製作商店街海報就能得到補助金。當然，如果做出美麗的海報也許能吸引一些人潮，但若是各間店鋪不具獨特魅力，這些人潮能不能成爲穩定的客源就不得而知了。

更糟的情況是，取得補助金製作海報後成爲話題的店，有的在一個月後就宣告歇業。詢問過後才知道他們早就決定歇業日，卻因能免費製作海報而決定搭一次便車。這類的事件相當多，商店街組織和想藉此賺錢的公關公司聯手，只是因爲「能拿到補助金的話就來做吧」，以一時興起的態度開始事業。「如果可以用別人的錢來做的話」，從這樣的想法開始，到只有一部分企業獲利就結束的活動，能爲地方產生新的收益嗎？我深深感到疑惑。

為了避免悲劇

那麼，得到補助金的一方一定是一帆風順嗎？倒也未必。的確，補助金是不需償還的資金，在事業的初期階段可說能讓創業者如虎添翼，得到補助金的創業者比起僅靠私人資金或是籌措資金創業的人更加有利，然而它往往也會形成巨大的風險。

如鐵則①所提及的，創業規模建議先從小規模開始再逐漸擴大，這樣的事業在市場環境縮小後也能適用。事業確實成長的話，出資者會增加，民間銀行的貸款額度也能提高。反之，當你的計畫所需的資金超過自己所能出資或是承貸的金額時，就應該立即檢視。

爲了徹底開展符合自己格局的事業，投資在事業上的資金就必須靠事業來回收、償還。常聽到有人說「這樣會很辛苦」，確實，但正因爲辛苦，才會有各種創意與智慧誕生。因爲是自己籌措的資金，才會誕生無論如何都要留下成績的覺悟。沒有人想把錢丟到水溝，所以，計畫會變得更具體且具有主體性。

另一方面，當你的資金不必償還，雖然不會面臨上述的緊迫情況，卻會演變成事業毫無計畫、僅依照補助金時間表來展開，轉眼間到了年末就倒閉的情況。即使失敗也可能會找藉口，認爲「這也是沒辦法的事」，最後什麼都學不到。不僅政府的稅金平白浪費，甚至沒留給地方任何值得學習的經驗。我們必須更加認清補助金在這方面的負面效果。地方創生重要的是能連結到成果，若以過程輕鬆爲優先，就無法獲得成果。

所謂的補助金，追根究柢就是我們的稅金，若以地方振興的名義讓它淪爲毫無價值的毒藥，大量地浪費掉，並沒有國民能得到幸福。現在，不論是在民間或政府，已經有許多人意識到此現況所產生的問題。

儘管要去改變政府的制度並不容易，但至少，現在開始想要創業的人，若能不考慮補助金就開始行動，應能創造出更大的變化。不考慮補助金並非是顧慮或是忍耐，反而是促使事業成功的最大秘訣。

我在各地都會談論這樣的內容，還因此被稱爲「不靠補助金的基本教義派」，就我個人而言，認爲這個稱號是無上的光榮。

在過去，我有過數次因補助金造成事業失敗的經驗，現在也身處於經常會遇到補助金誘惑的領域，所以也可以說是爲了警惕自己，我在各地都會講述這段話。

鐵則③ 尋找能成為「命運共同體」的夥伴

一開始只要兩、三個人就足夠了

在鄉鎮地區開始新事業時，你認爲需要聚集多少支持者才能實行呢？「最好地方上半數的人能贊成」、「應該需要地方的有力人士表示某種程度的同意」等等，每個人的答案都不同。

然而，比起擁有「少數的贊同者」，多數人的決心在面對「多數的反對者」時會更容易動搖，因此會將心力花在排除反對者上。但是，重要的其實不是消滅反對者，而是與夥伴的積極作爲。

我們在實行企畫時，首先最重視的就是尋找能在當地併肩合作、讓你打從心裡信賴的夥伴。無論你的立場多艱難、面對多少反對，只要有了夥伴就能開始行動。話說回來，基本上沒有什麼地方可以讓你輕鬆展開活動，因此比起挑選環境，更重要的是挑選夥伴。

在鐵則①中也提過，夥伴人數不需要多，核心成員有兩到三個人就很足夠。在我在進行活動的地方上，大多會有一個原本就認識的業者，很多時候模式都是再拉進一至兩個在拜訪地區時談話能產生同感的人。

最近，我較常和業者以外的人士一拍即合，以業種來說的話多半是餐飲店的老闆。他們其中許多人在當地經營了數間人氣餐廳，經營過程中實際感受到地方衰退，也對以往的地方活化活動有些牴觸感。能在競爭激烈的餐飲界中經營深具魅力的商店，代表對當地市場相當地了解。他們對於顧客需要什麼、針對當地的經濟規模推行何種事業才能讓手上的資金確實獲利，都有深刻的體會。

同時，像餐飲業這樣的服務產業，與地方經濟是一體的。對餐飲業者來說，地方經濟規模若縮小就表示自己的事業成長空間跟著縮減，這是生死存亡的問題。因此，能正確地理解地方經濟、採取行動、形成事業的各地餐飲業老闆，對地方創生來說可說是相當重要的存在。

人材方面，對於是否生長於當地這個問題，我認爲對地方有感情固然是優點，但並非絕對條件。首先希望能是具好奇心且精力充沛的人，有些人或許也有經歷東京或國外生活，因家庭因素而返鄉。有些人因爲能客觀地觀察環境狀況，「再這樣下去鄉鎮可能會衰退」的危機意識覺醒，決定挺身而出。

在各地推動地區活化的人形形色色，我認為，重要的是這些人不是將地方視為人生的退路，而是抱著覺悟在當地展開具前瞻性的活動。我無法和光說不練的人共事，抱著「踏上尋找自我的旅程」的心態來到地方的人也一樣。雖然生活方式是個人的自由，但比起靠自己在地區策畫事業，更以自身事務為優先的人，並不適合當事業夥伴。

只要兩、三個成員就可以，與能正視地方，靠自己開創事業的人開始行動吧！這是極為重要的第一步。

立下「生死狀」般的團結

在地方開始新的嘗試，沒有成功的保證。世上大多數的人對於看似會成功的事物會給予支持，對可能失敗的事則是不想參與。不過也正因爲如此，在創業初期小團隊成員內心的緊密度與信賴關係相當重要。

若是一定規模以上的組織，或是上了軌道的事業想要追求更上一層樓的話，選擇成員時比起契合度更應該優先選擇能力。應該優先補充該團隊不足的能力，若是已經取得成果的組織，要得到優秀的人材也不是不可能。

然而，在從零開始時，創業者經常必須面對出乎意料或不順遂的現實，不斷地嘗試、發現錯誤、修正當初的計畫軌道，這樣的過程可以說是家常便飯。要在不清楚正確答案的世界裡生存，團隊是否具有柔軟性是非常重要的。

話說回來，這樣的弱小團隊若在募集人力時提出非超級優秀、活力十足的人材不可的條件，就沒有人會來了。包括我在內，只能靠「雖然不知道會變成什麼樣，但感覺是有趣的人可以做看看！」將這樣奇特的人聚集起來，一起開創事業。

然而，在必須修正軌道的時刻，夥伴間若是沒有建立起信賴關係，容易在方向性上產生對立意見。問題發生時，不是講道理而是衝動地說出多餘的話，提出自我主張或唱反調。這樣一來，事情無法順利進行，團隊會失去衝勁。但是在創業初期，可以說擁有的優勢只有衝勁而已，若大家開始重視成員間的微妙平衡感，那麼就連原本的挑戰精神都不復存在了。

因此，只與不會背叛的夥伴聯手很重要，這點無論在何種社會都適用。事業上了軌道之後，自然會有許多贊同者，錦上添花本是人類的天性，我們也無可奈何。但眞正需要的，是在成功以前能共同嘗試、發現錯誤的夥伴，是當自己在精神上被逼到絕路時能一起歡笑的人。和艱困時期時逃走、保持距離的人，並無法建立信賴關係，也無法創造成果。

更別說地方創生的工作即使非本意也容易在周圍「樹敵」，初期階段更是如此。來路不明的活動在他人的地方成立，成爲焦點後容易遭到不信任的眼光。就算做出成績也會招來嫉妒或是受猜疑。如果成果搶了前人的鋒頭，更會成爲批評標的。

因此，一個人活動相當地困難，順與不順利都要同舟共濟，和值得信賴的夥伴互相鼓勵、確認方向性。我們經常說自己已經立下「生死狀」，因爲若沒有團結至此，就無法克服事業迎向黎明前的嚴苛狀況。

此外，建立人際關係也不是花時間就可以辦到。即使花再長的時間來溝通，無法敞開心胸的人還是無法敞開心胸。相反的，也有簡單溝通幾句就能產生共鳴的人，我會重視和這樣的人的緣分。同時，不背叛對方和地方，在要求對方前自己也必須先做到。

時間會解決和地區的摩擦問題，持續就是力量。持續努力做出成果的話，周圍也會開始認同。初期是最辛苦的時期，正因如此，比起說服反對者，和彼此信賴的夥伴共同努力更爲重要。

鐵則④ 不需要「全員同意」

並非「同意」就會行動

在地方建設上，有時候大型開發案會對地方居民的生活產生巨大影響，因此一旦開發企畫案啓動，行政機關便會習慣聚集居民，召開「說明會」或「工作坊（workshop）」，這也就是「市民參加型的地方建設」。

這種場合，目標在於獲得參加者全員的同意，爲此主辦者需要鍛鍊自己化繁爲簡的陳述能力，明確地引導出大家的意見，找到可能達成共識的點。這樣的努力值得敬佩，但是，這樣的方式對於今後地方創生所需的民間基礎的小型地方活化事業無法派上用場。

的確，展開所有人都同意且歡迎的事業，不但輕鬆也很美好。但這樣的事業往往無法前進，因爲，並非只要全員同意了全員就會眞正付諸行動。除了極端的熱情奉獻者，誰也不想將自身財產投入這種「不知道是爲了誰好」、「不痛不癢」的事業，沒有人會爲此搶著揮灑汗水。因爲，這是大家的計畫，不是自己的計畫。

以前我也經常受邀擔任地方政府主辦的「地方建設工作坊」講師，但最近都盡可能地拒絕了。說實話，因爲這一切讓我覺得很無力。

這類工作坊常見的風景如下：所有人分成幾個小組圍著桌子、用大量的彩色便利貼提出意見並互相討論、將內容彙整後發表結果。小組會讚賞其他小組說：「很棒的意見」，或提出「那樣做會更好」的修正方案。討論盛況空前，氣氛熱烈的話結束後會順勢去喝一杯，積極討論地方的未來。一切很愉快，很美好，但也到此結束。

日後當我詢問「當時的計畫怎麼樣了？」並沒有人記得，想當然耳，當場想出來的計畫實現的可能性爲零。換句話說，那樣的活動只是相關者的自我滿足，沒有人認眞思考地方建設的問題。我能理解這樣的工作坊或許是個有趣的消遣，但不該是用稅金來做的事。

再加上還有學生社長時代的慘痛經驗，我認爲地方活化事業不需要「所有人的同意」。即便是市民參加型的地方建設，也僅是參與的部分居民同意，不代表所有居民的同意。那只不過是「表象同意」，雖然意見一致，但誰也沒有自己動手的意願，可以說是種不負責任的做法。

想在地方自己開始小型事業時，一開始不需要計畫什麼大型說明會，或學習華麗的簡報技巧。我們並不是要建設水庫或是重劃土地。與其將精力花費在這種地方，不如去思考如何成立地方所需的事業、活絡地方經濟，就算是不著邊際的奇想，能實踐並做出結果的話還來得更有用。

放眼當今所有民間事業，有什麼事業是靠事先統一全員意見而成功的嗎？無論是地方上生意興隆的小店鋪、本田汽車公司，還是蘋果電腦，都是靠幾個「有拚勁」的成員創業後走到今天。

許多做出成效的地方振興企畫也是一樣的。我從未聽過以一一徵求地方居民同意為優先而成功的案例。

判斷者是經營者本人

當然，我並不是在說最好就是能若無旁人般地行動。關於自己正在做什麼事、進度狀況如何，最好能盡可能地公開，確保透明性。在可能範圍內，我們也會製作各地鄉鎮公司的年度報告書，舉辦自由參加的說明會。若居民提出意見，我們也會眞摯地接受。

然而，不可以讓關鍵的「最終的決策者是誰」曖昧不清。無論收到什麼樣的意見，是否採用都應該由擔負事業責任的成員來判斷。談到事業時，只有背負風險的人能判斷什麼是對事業有益的。世上的意見不勝枚舉，若擔負責任的人無法判斷意見，事情就會變得一團糊塗。

我們的情況也是如此，思索出屬於自己的一套理論，每天努力創造出新的事業模式。反覆成功或失敗，並在過程中一邊改善，設法持續下去。答案就在這樣的過程中。責任者，也就是經營者本身，對於沒有人知道答案的難題，必須努力嘗試、找到錯誤，解出答案。正因爲如此，我認爲不是自己思考，而去向居民要求回答的做法，反而是缺乏責任感的。看起來只像是爲自己準備好了一條退路，因爲「是大家說的，就算失敗了也沒辦法」。

我們展開的並非龐大的事業，即使失敗了也只是自己和業者等部分投資者損失資金，並不會造成地方沉沒。但另一方面，若創造出成果並產生連鎖成果，地方也能得到相應的回報。換言之，微小的挑戰對於多數居民沒有害處，也不會造成稅金上的負擔，好處良多。

不可讓同意者像在搭「馬車」

我們經常會舉辦以業者爲對象的說明會或會議，但目的不是要得到大家的同意，而是將會議定位爲「同意者招募所」。簡言之，就是讓他們「自投羅網」。只要在之後能做出某種程度的結果，贊同者自然會逐漸增加，這樣就夠了。

不過，這裡也有一個小小的「陷阱」——要小心言聽計從的人。我們需要的同意者是能自行思考、自行負責的人。同意者不是坐在「馬車」上的乘客，而是一起拉「推車」的同志。

若姿態是「我會照你們說的去做」，或是「請教我」的，就不會成功。必須是像「我負責這部分，那部分就交給你了」這樣公平分擔工作的同志。無論成功或失敗都是自己的責任，依附他人思考的人在失敗時也一定會追究旁人的責任。

當開始企畫案時，一開始我一定會說清楚這件事。我絕不會說「請交給我」，相反地，我經常會以嚴峻的態度說：「我能做的是這些事」、「如果要做的話，就必須有背負風險的覺悟」、「我不會勉強你們一定要參加」、「既然要做，我也會全力做出成果」。

對於在當地投資並成立事業，我抱著覺悟，對方也必須抱著相同的覺悟。

經常有人會誤會，「只要跟木下先生提過就會有辦法。」但遺憾的是，我並沒有魔法，若讓對方抱持著這樣的想法繼續下去，最後只會讓雙方變得不幸。

爲改變這樣依附他人的思考模式，我們製作了「改變地方的十項覺悟」。內容作爲附錄刊登在書末。簡而言之，就只是在提倡「不要依賴政府機關或第三者，靠自己的力量讓自己的地方變好」這樣理所當然的事。我想不用我來說，也有許多人是認爲如此。但重新以文字方式與大家共享，是非常重要的。

我常聽到人家說：地方建設上，人最重要。當然，考慮到住在當地的居民是很重要的，但對我來說，能互相信賴、不會背叛彼此的夥伴是最重要的。

鐵則⑤ 靠「前端營業」先確實回收

找出地方在未來會需要的商店

在建立事業時避免失敗的竅門之一，就是一切以「營業」爲優先。不動產的業主先完成店鋪改裝工程，再依據工程費用決定租金，然後招募店家，這是最糟糕的模式。這樣的做法無法聚集魅力商家，因爲租金會過高。

不是這麼做。好的方法是：先讓店家營業，也就是在決定好店家的階段根據其事業型態與租金支付能力，來反算出改裝的預算。這樣一來，業主可以自己選擇店鋪，也能讓地方在未來所需要的店鋪進駐。只是弄錯一個順序，就是天堂和地獄的差別。

愛知縣春日井市JR勝川站前商店街的「TANEYA（種屋）」，就是以營業爲優先、創造安定利潤的典型「翻修型共享店鋪」案例。如店名所示，這裡曾經是販賣農作種子與幼苗的兩層木造小型店鋪（兼住家），在屋主夫婦去世後，成爲空屋，繼承了該處的兒子對於該如何處置屋屋頗爲煩惱。

他們夫妻找到鎖定當地業者的「勝川商業開發」，商量如何活用房屋。該公司的業務主要是商店街區域的不動產投資與有效活用，社長水野隆先生是從「商店街網絡」時代就頗爲照顧我的夥伴。

水野先生知道我從二〇一〇年起開始從事活用現有建物的事業，在北九州小倉地區進行翻修式地方建設，也和當地公司共同成立了札幌大通地區的共享辦公室空間「DORINOKI」等。他還閱讀了我將這些活動與方法論整理成的共同著作《地方建設的期限》（二〇一三，日經BP社出版）。我接到他的聯絡，表示希望能在當地一起推進不依靠補助金的新型開發模式。

順帶一提，水野先生年紀已過六十，但在勝川商業開發中還是最年輕的成員。其他成員大概都是七十至八十歲的老先生，他們各個意氣風發，是名副其實的地方業者，也都是投資家。在我眼中，他們就像是電影「星際大戰」裡的尤達，智慧與財力兼具，是值得敬畏的長老。看到這些人投資地區的情景，實在相當有趣。水野先生過了六十歲還被當成跑腿小弟，我不斷提出新方案，相信以他的立場會相當辛苦，但他還是毫無怨言地一一執行。

回到正題。我與水野先生及屋主夫婦經過一番討論，考量商店街已失去活力，希望讓店面盡可能成爲年輕人會聚集的場所。我們討論到，最好是以正統咖啡館爲主的餐飲類、小孩和年輕人會聚集的教室類、獲利率相對較高的製造零售業等產業類型。翻修的重點在於世代交替，以及將以往商店街薄利多銷型的固定生意模式，轉換爲高毛利型的業種形態。談論非常熱烈，我們決定聯手推動。

接著，分小組分別探訪了符合自己心中形象的當地商店，結果候補有十三種之多。再由其中縮小至五種，定案。初始成員決定將一樓定爲咖啡館，二樓是兒童英語教室及瑜伽教室，以及印章的製造販賣店（兩間）。

接下來就是店租金額與翻修的討論。如果他們能支付高額店租的話，就能做較完全的翻修，但建物本身狀況良好，各店也極力希望能保持少見的木造房屋風味，同時希望店租能壓低。於是翻修費用決定僅花費兩百多萬日圓。爲我們解決此難題的是在企畫案其他部分也貢獻良多的地方建商河合忠先生。我們區分出要整修、不需要整修的部分，此外整體風格則委託了在小倉的地方建設上合作過翻修項目的建築家嶋田洋平先生來監督。

首先決定店家，將計算出的店租部分收入支付給房東，再將剩餘部分回收投資。計畫是一年半後就能回收，目前爲止也都順利進行。單純計算投資報酬率約可達五〇%。只要能運用既有建築，反過來計算、活用，沒有補助金也能確實創造利潤。

創造出二次投資的循環

現在，勝川商業開發不滿足於TANEYA的利潤，將利潤進行二次投資，擴大參與周邊地區的翻修、新開發企畫。

即使是小型事業，企畫整體也要能確實創造利潤。同時，不是企畫賺錢就好，也要想著爲地方創造變化，即使是微小的變化。參與者各自的事業能獲利也很重要。

TANEYA最令人驚訝的地方在於，雖然店家原本就經過遴選，都是銷售能力值得期待的商家，但營業成績還是超乎想像。例如一樓的「咖啡百時」店主，除了店鋪的營運，周末還在附近的市集販賣手工起士蛋糕，以多重經營產生利潤。而二樓的兒童英語教室「noracco英語教室」學生數也一口氣超過四十名，讓我感受到當地的高度需求。

更重要的是，他們帶進了以往不曾到訪勝川商店街的客源，並讓顧客得到滿足。年輕的店主，成了商店街吸引年輕人的契機。

像這樣對地方產生貢獻的活動，公家資金的投入卻爲零。民間、極小型的團隊，也能踏出這樣的一步。其中特別要提到的，就是關鍵不在於補助金，而是前端營業這件事。

這個基本模型，能應用在各種地區。要想填補空置店鋪，不單是立起「招募店家」的招牌就行了。在購入建物前，業主或鄉鎮公司成員應該先進行前端業務工作來招攬進駐者。而且，不是什麼店家都可以，必須將業種限定在地方將來可能會需要的新業種。除此之外，傾聽對方包括租金等希望，在彼此不勉強的範圍內進行改裝，提供空間。

舉例來說，這就像是不去尋找能穿進自己已經做好的鞋子的人，而是找到非常希望能穿這雙鞋的人，再去配合他的腳型來做鞋。這就是改變地方的翻修型企畫的基本。

當然，這對業者也有相當大的好處，不僅空置且毫無生產力的房子帶來了利潤，該場所也可能爲地方帶來新氣象，他們當然會積極地回應。此外，由於是純民間資金的企畫，能按照自己的時間表來行動，速度也相當快。這就是由民間主導的好處。

只要能先行進行業務活動，就不會犯下嚴重錯誤。巨大的成功只存在微小成功的前方。首先以業務活動爲全部優先，利用小企畫確實創出利潤，爲地方帶來變化，那麼就自然能看到下一步。

鐵則⑥ 徹底堅持「獲利率」

削減經費、提升獲利

二〇一〇年，位於兵庫縣靠日本海的城崎溫泉區，當地的日式旅館、飯店的年輕經營者成立了名為「湯之鄉城崎」的地方建設公司。擔任AIA（地方創生聯盟）理事的古田篤司先生也以董事身分參與，他們首先著手的是各日式旅館、飯店內部電梯和升降機維修的共同合約。在第一章我介紹了「熊本城東管理」推動的垃圾處理的共同合約，這就是它的電梯和升降機版。

在此之前，各旅館個別與電梯製造商的管理公司簽訂合約，也有人是和廠商無關的獨立管理公司簽訂合約。他們先請了數間公司來報價，結果也與熊本當時的狀況相同，有相當大的價格差異。

數十間旅館決定聯合起來，與價格較便宜、能確實維修的管理公司統一簽訂合約，藉此削減了管理費用。

這項事業從第一年起，削減了總共約四百萬日圓的經費，同時也與熊本的情況一樣，將其中一部分轉為鄉鎮的投資，運用到城崎溫泉的攬客新企畫等。

全國各地的溫泉業者都在絞盡腦汁、下足工夫舉辦吸引觀光客的活動，所以不一定只有城崎溫泉能收到成效。也有可能效果不如預期，若當初費用全是由各旅館額外提出，就會造成虧損。

然而，利用刪減的經費進行投資的話，就不會影響到經營上的收支。相反地，若活動奏效、顧客增加，不僅壓縮了經費，營業額還會增加。換句話說，獲利便能大幅增長。將鄉鎮視爲公司來經營，經費削減是最可靠的方法。

順帶一提，這些事業能一口氣地實現，是拜當地老旅館「西村屋」主人願意帶頭所賜。以上就是以古田先生、西村等人爲首，一個帶著覺悟開始創業的小團隊爲地方帶來改變的企畫案例。

提升地方整體的獲利率

我們講究的是「提升鄉鎮整體的生產性」，換句話說，若我們將鄉鎮整體視爲一間公司，就要爲它提升獲利率。以稀少資源開始創造出更多的獲利，再將獲利二次投資到更有效率的地方。

提升獲利率大致可分爲兩種方法。一是改善不必要經費的「設施管理」，熊本、城崎即屬這類案例。而另一種是進行「設備投資」，讓業務能更有效地運轉，TANEYA就是這類的典型。這些在民間企業被視爲理所當然的想法，在地區活化上卻鮮少被正視。

兩種方式中，資金不足的區域也能輕鬆開始，且相較之下較容易改善獲利率的，是「設施管理型」的活動。剛才所介紹TANEYA等的翻修企畫屬於「設備投資型」，但無論如何進行前端業務，多少還是得背負投資風險。相對之下，改善經費幾乎不需初期投資。同類型的地方設施管理事業，除了熊本、城崎，還在聯盟的「札幌大通地方建設株式會社」、盛岡的地方建設公司「肴町

365」等各地實施。可說是無論都市或地區大小，在任何地方都能普遍實施的事業方案。

設備投資型：比起規模更重視獲利

使用補助金的市中心街區活化事業中最大的錯誤之一，是過度投資大規模設備的模式，在地方的中心靠稅金支援建造大型商業設施就是一種典型。以豪華爲噱頭，加上大肆宣傳的話，一開始也許能獲得相應的營業額。但爲此耗費了龐大的建設費，且設施的維持經費又過高的話，獲利自然會被壓縮，有時還會形成赤字。結果，最後演變爲只能選擇關閉或撤退，稅金也白花了，對地方的負面衝擊難以估算。這樣的模式下，追求規模的投資可說是毫無意義。

重要的並非營業額，而是利潤。同時，應該講求的不是銷售的規模，而是獲利率。地方所需要的投資是能確實產生利潤的投資，是即使萬一失敗了，也不會成爲地方的致命傷的投資。

在這層意義上，「商店街」即使銷售規模遠不及「購物中心」，但能夠整體性地削減經費，以小規模的設備投資提升空間附加價値、確保利益，對地方來說更具正面效應。

以往在各地所推行的「地區活化」事業，首先你看到目標本身被定爲「活化」這麼曖昧的字眼就可以知道，他們幾乎不會收到實際成效。頂多是舉辦活動，爲「聚集了多少人」、「賣了多少商品」以喜以憂，結果還是執著於「如何增加收入」的銷售主義想法。然而，在縮小化的社會裡，要再追求「量」是很勉強的。

最後再看：留下了多少利潤？實際上有時還是嚴重赤字。最終留下赤字的活動不管聚集了多少人潮，都不能被稱作是爲了「活化」。

這裡所缺乏的是：重視事業的毛利、將成本適度精簡，並專注於利潤的概念。同時，營運時必須經常檢驗所有的程序。既然事業的前提是「對地方進行投資」，具決定性的關鍵就是事業的獲利率。在企業經營上這是理所當然的道理，而地方創生也須以同樣的方式去思考。舉例而言，爲何豐田汽車會強調要持續地「改善」？我們在地方創生上也可以仔細思考。

首先，要把焦點放在流出的金錢。例如不動產會產生的維修管理費等種種經費，它們是以何種契約支付？出乎意料地有不少老闆對此漫不經心。在經濟成長期時，營業額總是不斷上漲，養成了當時的經營者對經費細節不太留意的習慣，這種情況非常明顯。因此，至今仍有人持續向業者支付著祖父輩時簽訂的過高管理費。不從這些地方去檢視的話，就無法改善獲利率。

營業獲利率是百分之五的公司，若能削減一百萬的經費，就足以匹敵兩千萬的營業額！一口氣讓營業額增加兩千萬相當困難，但只要重新審視以往沒注意到的經費，削減了一百萬日圓，就能確保利潤。

如果在削減經費後，還能以改變商業形態或投資成長事業等方式來提升銷售，因爲經費已經壓縮，將形成更高的利潤。換言之，將注意力從營業額轉向利潤，就算在營業額減少的情況下，也能思考具前瞻性的下一步。

高毛利商業形態的聚集

即便是以一間店爲單位來思考，獲利率也極爲重要。在前述的「TANEYA」尋找店家的階段，我們刻意將傳統型零售業者排除。批發商品再於店頭販賣的商業形態，無論如何獲利率都不會高。毛利約在二十到三十%。當然，我們並非是否定這類店家，但今後地方在商業上所需要的，是製造零售、服務領域的產業形態。若物件是小規模時更是如此，必須鎖定即使小面積也能創造出高毛利的商業形態。將低生產性的中小型商業，轉換爲高生產性的中小型商業。

在這樣的前提下的選擇結果，是咖啡館、英語會話教室、與瑜伽教室。其共通點是自行創作與販賣物品或內容，也就是「製造零售型」。即便各自的營業額並不高，但毛利能達到百分之五十以上。重要的是雖然營業額不高，但附加價值後能產生高毛利。比起規模，更重要的是獲利率。聚集以少量資源就能確實留下利潤的店家，正是今後的地方商業所尋求的轉換方向。

聚集此類店鋪，能推動地方整體的結構改革，獲利率高的店家的多數群聚，能改善區域整體的獲利率。此外，若是小規模店鋪的聚集，即使少了其中幾家店，也不會影響到多數，只要再尋找新店鋪加入即可。

將利潤轉化爲地方的消費，或使用於地方建設事業上，地方整體的經營也會更安定。小不代表一定弱。重要的不是營業額的規模，而是獲利率。

鐵則⑦ 別讓「利潤」流出

拒絕全國連鎖店的原因

就像勝川的例子一樣，我們經常與建物的所有者合作尋找店家。那個時候，我們會把全國連鎖的便利商店或咖啡館排除在名單之外。原因在於，地域的活化須從企業與金融兩個層面來考慮。

光從企業層面來看的話，只要能獲利，不管讓任何商店進駐都無所謂，連鎖商店還能提升地方的便利性，沒有比這更好的條件了。對於業者而言，只要能確實收到高額店租，他們也沒話說。然而，若考慮到地方整體的金融面，也就是金流的話，這種方法並不可行。

舉例來說，假設地方上開了一間連鎖咖啡館，該店的利潤會從地方移到總公司，地方經濟的金流是流出的。連鎖購物中心的情況也是相同，陳設在商場裡的商品幾乎都不是在當地生產，員工也盡是雇用短期工讀生，營業的利潤會流到地方之外。

另外，更應該注意的是投資報酬率。假設為了建設店鋪投資了一千萬日圓，每年投資報酬率為一〇%，亦即一百萬日圓的回報，若業主將企業利潤再轉投資，那麼利潤就會以複利方式增加。運用順利的話，第二年變成一一〇萬，第三年變成一三三一萬日圓……資金會以二次函數的方式持續擴大。

然而，要是那一千萬日圓的資本屬於外部資金，就無法為地方經濟謀利。無論咖啡館或購物中心如何賺錢，資金都呈現持續流出的狀態。換言之，對地方而言在金融面上的好處，頂多就是地方上有少數人被雇用為員工罷了。

就這點而言，若資本來自地方資金的話，某人的消費會變成相同地區上某人的利潤，而該利潤再次被投資到地方的新事業上的話，利益就會在地方內循環，以複利方式膨脹。這是促進地方經濟繁榮的一大重點。

資金調度留在地方內

不僅是全國連鎖店會有金流問題，創業時從地方外得到投資時，也須審慎思考這一點。

比如當你想要開一間餐廳時，好的做法是從地方外招聘手藝高超的廚師，並請他們住在當地。改裝空置店鋪打造符合自身喜好的店面時也是，只要與當地業者合作，那麼資金就會在地方內循環。

然而，若資金全從地方外調度，企業對地方經濟的好處就會銳減。而風險由地方外的業者背負、地方業者只收取手續費的模式也是一樣，儘管做起來輕鬆，卻偏離了地方企業的事業本質，失去金融面的優勢。

地方外的資金來源，不僅會造成地方的消費最終向外部流出，即使資金被再次投資於店鋪、順利地賺回投資，也只是加劇了資金從地方流出，地方的消費因此被不斷地侵蝕。資金來源這點經常受到地方創生的忽視，但這樣的創業構圖，對地方經濟的衝擊可說是相當巨大的。

當然，我並不是在說地方創生必須完全排除全國連鎖店或任何地方外資本的餐廳。無論是何種資本來源的店鋪，對蕭條的鄉鎮而言似乎都是值得歡迎的。

然而，重要在於：以地方資本創造能與連鎖型商店相抗衡的店鋪。在此若能產生健全的競爭，就能爲地方經濟帶來正面的效果。

對於業者而言，我想還是有人會傾向將店面出租給知名連鎖店，若是如此，可以考慮將一樓租給連鎖店，相對地，將二樓、三樓轉換爲小規模商業形態的群集地。

話說回來，近日全國連鎖店與地方外資本對於進駐地方也開始變得愼重。因爲投資毫無地緣關係且人口逐漸減少的地方具有相當的風險。就連世界著名的投資家，現在在投資日本的股票前，也會來到日本購買投資標的候選名單上的公司商品親自嘗試，或是實際考察不動產，相當的謹愼。我相信地方創生今後對於不藉由外力、在地方興創事業的需求會變得更加強勁。

重新審視生活消費合作社、信用合作社的產銷鏈

事實上，最近我常看到有的地區因爲全國連鎖超市撤退而不知所措。有時候，地方居民爲了解決連鎖超市退出的不便，會自己籌資開設像是迷你超市的店鋪。乍看之下，這似乎是逼不得已的策略，然而從上述觀點來看，這樣的模式實際上反而對地方經濟更有益。要是迷你商店經營上能運轉良好，在地消費產生的附加價值就能被保留在當地。

只是，也有一些活動只是爲了獲得補助金，大家必須分清楚這一點。

一九七〇年代起，「生活消費合作社」的型態出現至今，它作爲消費者運動的一環，模式是「由使用服務者自行出資、經營產業整體的供應鏈」。一開始，是由贊同者共同出資，讓生產者製造自己所需的產品、自行購買促使供給穩定。

信用金庫、信用合作社等與地方緊密結合的金融機關，當初也是地區內的創業者爲了彼此融資而設立的。

遺憾的是，若要問：現在所有的生活消費合作社、信用金庫與合作社是否都有守住原本的存在意義，答案或許很難是肯定的。但是，若你去看合作事業的起源，有許多地方是可以作爲地方活化事業參考的。所以，或許現在正是重新審視地方上合作社的結構的好時機。

鐵則⑧ 一開始先設好「撤退線」

每三個月檢視一次事業

無論是開店或是推行企畫，經常都會有營收不如預期，或是暫時產生赤字的情況發生。

在這種時刻，不能再做著「總有一天會好轉」的美夢拖拖拉拉地持續下去，必須立即思考改善的方式，有時甚至需要下決斷割捨。無法產生利潤，一是方向錯誤，二是沒有做生意的實力，答案大概就是其中一種。爲了不浪費寶貴的時間與金錢，必須早點下判斷。

我大概會以三個月作爲一個階段來思考做出結論。即使是小型投資案，再久也必須設在兩至三年內全額回收，基本上必須在第一年度就開始獲利。

我這種急切又謹愼的態度，常讓周遭的人感到驚訝，但一開始就是最關鍵的時期。若一開始無法確實產生成果，就無法逐漸擴張規模。從小處開始，不代表甘於小處，這是事業藍圖的開始，讓數百萬的投資能早期回收，接下來逐漸地擴大成數千萬、數億規模的事業。正因爲如此，初期要很愼重，失敗了立即反省，並化爲下一次挑戰的力量。

的確，「撤退」的判斷需要勇氣。周圍的人會投以「那傢伙沒有能力」的目光，也會有人指指點點地說：「我早就料到了！」但這些都勝於猶豫不決地持續赤字造成地方的困擾。只要認眞努力過一次，一定會有人看到你奮戰的模樣，可以信賴的夥伴也會和你一同再次挑戰。

只要能再做出成果，就會重新獲得評價。只要不是逃跑，早期撤退以長遠的眼光來看，一定帶有正面意義。也正因爲如此，我們才會選擇「從小處開始」。撤退時，重要的是不要猶豫。

設定撤退的規則

開始事業時，重要的是事先與夥伴確認撤退的基準。一旦到了要下判斷的時刻，才來議論「撤退」或是「不撤退」，判斷本身已經延遲。

令人煩惱的狀況是，有點不成功又不是太成功的時候。沒有演變成「大失敗」、成果雖然不及當初預期卻也賺到些小錢的情況。這種時候，創業者往往容易被微利所迷惑，做出「再繼續看看吧」的判斷。

這種時候非常危險，最後可能會變得習慣微利，為了守住蠅頭小利而汲汲營營。我也曾數次面臨這種狀況，直到今日，是否要放棄微利事業仍是最困難的經營判斷之一。正因為如此，我們必須在一開始就事先設定一定的基準。

與其勉強持續不怎麼順利的事業，不如乾脆早點放棄，將多出來的剩餘時間用在地方更需要的事業上。

獲利比預想來得少，就表示一定有什麼地方弄錯了；事業無法擴大，也表示在某些地方有了什麼失誤。無論再怎麼覺得「接下來一定能賺錢」，或是周遭有些人認爲這是「必要的」，獲利無法提升、成長停滯，就代表著此事業被大多數的人認爲是「不必要的」。我們應該虛心地接受這點。

如果是改裝建物整體這類的投資案，三個月可能眞的還無法下判斷。儘管如此，也應該盡可能地將兩年、最長四年內回收初期投資作爲事業決策的基準。而建蓋新建物的案子，也建議將回收期設在十年內。即使如何看好前景，十年後的世界或自己會變得如何，我們都無從得知。連自己的未來都不清楚了，超過十年還無法回收的投資，可說是不負責任的行爲。

「一次決勝負」的禁忌

換一個觀點來看，有人會說早期切割是一種「不高級的亂槍打鳥手法」。

但有些案子連小成果都無法留下，卻計畫著靠大型企畫下一次決勝負的大賭注，挑戰大規模投資。考慮到撤退的困難性，我們絕對應該避免這類投資。從計畫到實行，須花數年到十幾年，更甚著要回收投資得花上數十年，這樣的企畫不容許失敗。更別說每個人對於撤退可能都已經恐懼到說不出口。有時會變成像建造大和戰艦般，等造好時商品已化為無用之物。

在今日經濟萎縮的局面下，不應該去進行一次須花上數年到數十年的活動。若是在過去的時代，可以預期數十年的成長或許可行，但現在已經完全不同了。

所以，組織應該由每三個月能重新檢視、再次出發的活動開始。即使失敗，只要馬上撤退，累積的赤字也不大。傷口尚淺，還能保留暫時撤退後重新出發的體力。單純來看，每三個月挑戰一次的話，等於一年能挑戰四次之多。

在精神層面上，這樣的做法也會讓創業者變得較積極。如果一年僅有一次揮棒機會，自然會因為過度緊張反而對不對的球出手，搞得自己疲憊不堪。然而，如果有四次揮棒機會的話，你會覺得「至少能揮出一支安打」，即使全部失敗也會積極思考「還有下次」。

此外，若是有多樁企畫案的情況，與其同時並行不如區隔期間。一定期間內專注在一個企畫上，是做好工作的秘訣。在此前提下，經過三個月後總結，再決定要繼續還是換下一個企畫。

順道一提，這個訣竅，無論在創投企業，或是像豐田的汽車生產現場都經常被指出。撰寫縝密的計畫書，以萬無一失的姿態開始企畫的話，容易因絕對不能失敗的壓力而過度緊張。一開始就簡單地思考，在短期間內開始，透過不斷重複、改善的過程，更能接近正確的答案。即便失敗了，馬上退出並思考下一步。就結果而言，這種方式更容易成功。

這種時候，就算決定停止也不需要全面撤退，更不必過度沮喪。不成功的理由可能有很多，你可以先「放在一邊」。

到了能冷靜面對的階段，再把林林總總的事物一次整理，或許能得到混亂之中沒發現的啓示。

我在本書中談到的經驗，幾乎都是如此。儘管當時被情緒衝昏了頭，但若過十年之久就能冷靜地理出道理了。

這就像醃醬瓜，稍微放一下，讓風味更佳可能可以賣得更好。也可能你就這麼把醬瓜忘了，東西等同消失，不過這也無所謂。所謂勝負，不過是這樣程度的事物。

鐵則⑨ 初期不雇用正職

大部分的工作用「兼職員工」來運轉

在地方進行企畫案，我們經常會在當地成立事業公司，好處是讓地方創生作爲事業體成立，讓資金出入透明化，同時也讓「員工」帶有責任感。

然而，無論是其中哪一間公司，一開始時都不會有任何正職員工。除了我們以外的其他人，以業者、店主爲首，包括大學老師、公司員工或公務員（僅出資）等，都另有自己的工作。在以本業爲主的基礎上，以業務委託等形式分擔業務，共同創立事業。

這其中有我個人的考慮。

在初期階段，業務上完全不需要「受雇者」立場的人員。正因爲每個人都抱持著作爲「股東」的主體意識來行動，事業才能成立。

實際面的問題則是，鄉鎮公司並沒有一整年都須由特定人物以全職方式完成的業務。另一方面，由參與者共同進行的副業卻堆積如山。人脈廣的人可以把業務與自己的本業結合，在地方上深受信賴的人只要打一通電話就能讓企畫順利進行，擅長文件作業的人可以利用空餘時間製作各種文件等。

雇用一個正職員工，需要花費一定費用。假設，雇用一個正職人員包含各種雜費一年需花費六百萬日圓，若將其工作內容分割成三份，以業務委託方式分派給三個成員，分別支付兩百萬日圓，相較之下業務表現會更佳。或者切分為六份，各支付一百萬，甚至分為十二份，每人各五十萬日圓亦可。

而真心話是，我們還希望公司的利潤能盡可能地投入再利用，而非用於人事費用。重要的是，讓在改裝後的店鋪裡工作的人增加，或是活用共享辦公室進行創業的人增加。在鄉鎮公司以低效率的雇用方式聘人，並非理想的雇用，能在鄉鎮公司企畫的事業當中創造出雇用機會才是重要的。

本業外的工作會有時間上的限制，而正因為有限制，才會更有效率地進行。有效活用網絡的服務、共享情報，或以視訊會議快速討論。而一旦雇用了專職員工，將所有業務都委託該員工，就會發生只要他一不在業務就無法運轉的問題。

簡單來說，我認為在創業初期時，成員「在本業外適當地分擔業務」是較具生產性的合作模式。實際上，以稅金雇用正職人員的鄉鎮重建公司相當多，卻無法證明他們的工作表現比兼職員工的更好。重要的不是正職或兼職，而是選擇一個能把對的人放在對的位置上的業務分擔方式，有效地推動工作。

正職？兼職？重新檢視「工作型態」

我之所以採用這樣的方式，是受到當初在早稻田商店會的影響。如序章所述，商店會裡並沒有正職員工。相對地，運用ＩＴ科技，各種立場的人能在各式各樣的場面一面議論一面推動企畫，這從九〇年代起就已經是理所當然的事了。因此，就算是大型事務所也不需要專屬的文書人員，不需一一見面討論文件，基本上的工作都能在網路上完成。

現在，無論任何人都能使用快速便利且大容量的網路服務，在這個層面上，這個世界已經成了越來越容易刪減事務經費的世界，沒有不善加利用的道理。將便利的模式省下的時間用在企畫規劃上，更具生產性和效率。

事實上，就我所知，在地方建設上，行動越先進的人越渴望效率化。他們會使用包含網路在內一切能利用的事物，也積極地採取嶄新的生活型態。這一點，我想無論是何種業界的人都適用。

可以說正因爲如此，他們才能在一邊從事本業的情況下參與地方創生。無論是店主或是公司員工，都能在自己情況允許時透過網路取得所需的資料。如果需要開會，只要調整時間開線上會議即可，沒有任何不便之處。在地方上活躍的優秀人才的一個小時，遠比拖拖拉拉工作者的八小時來得珍貴。

再說得誇張一點，這種方式不僅限於地方創生，也爲日本人的工作型態帶來巨大的「回歸式」改變。從前在江戶時代，在鄉民中有許多被稱爲「町役人」的存在，負責部分的行政工作。但他們並非全職性的工作，而是另有本業，理所當然地腳踏兩條船。

但是在戰後，日本進入高度經濟成長期，所有的工作開始分工化，選擇一項工作就以全職方式持續工作，這樣的想法逐漸定型。但今日在某些領域上不同的做法會更有效率。只要活用ＩＴ科技，同時進行其他工作的方式也有相當大的可能性。

專注於一樣工作固然重要，但若能有效地活用時間，在各項工作中都能取得成果，這種良性意義的「利用空檔」的工作型態者若增加，地區活化將有更好的發展，也可預見社會公共性的提升。

假設一個人全職工作一周，也只有四十個小時。但要是有五個人能利用空檔時間，每人一天花費兩個小時，光是這樣就能產生五十個小時的工作時數。再加上每個人若是該行業的專家，有的時候甚至會比一個人的正職工作達成數倍的成果。

新的時代，會產生新的課題，爲此需要新的解決方案。我認爲新的解決方案中，也需要嶄新的工作型態。

鐵則⑩ 嚴格執行「金錢」規則

初期須避免「不特定多數」的集資方式

事業必定需要資金，在成立初期，資金應該由所有參與者共同投資。讓資本結構與經營一致，大家爲了做出成果只能努力。

並不是要求每個人突然拿出幾百萬日圓，而是依個人經濟狀況，不用到投入全副身家財產的地步，大概是投入原本會用於興趣或旅行上的兩、三年份的預算，實際上每個人頂多投入大約十萬到一百萬日圓是較妥當的。反過來說，就是只能在籌措到的金額範圍內來籌建事業計畫。

若是如此，即使失敗歸零，損害也可想而知。是在能「自我負責」的範疇內，不會爲別人帶來麻煩。就把它想成是輸了一次賽馬，不小心用高價買了平價骨董，或是和家人少去一趟旅行就能解決的事。你的投資可能會遭到家人白眼，不過就道歉吧。

話雖如此，沒有人願意平白把錢丟進水溝裡。基本上我也是斤斤計較的投資者，既然出錢了，就會拚命設法不虧損。這一點相信每個參與者（出資者）

都一樣。

我不厭其煩地提到，正因是自身資金，才會認眞經營事業，提出各種主意、嘗試、發現錯誤。如前所述，也能快速下判斷修正軌道，遵守業務分工。儘管不一定這樣就保證事業順利，但若沒有如此的認眞程度，成功更是遙遙無期。

相反的，從外部積極調度資金的風險相當大。抱持夢想固然是好事，但首先須考慮自身的格局。沒有一間銀行或信用金庫會願意借錢給毫無成績的公司，調度的交涉過程十分勞煩，即使幸運找到了出資者，也必須一一向他們報告狀況。而當事業不順利時，壓力更是格外龐大。如果必須在這些事情上傾注勞力，不如先從自己人來集資。

從素不相識、不特定多數人身上募集事業資金，風險實在太大。就此意義而言，我認爲對於是否利用當下流行的「雲端募資」也應該審愼考慮。有些人因爲「當地沒有人願意出資」，就貿然投入雲端募資的懷抱。但我對於這種就連當事者與當地人都不願意出一分錢的活動，是否需要從不特定多數人身上募資來進行，抱持著疑問。如果是一開始先以自身資金取得了成果，要繼續嘗試第二、第三階段的事業時，我認爲雲端募資倒是個不錯的方式。

無論如何，當事業上了軌道，就必須開始從外部調度資金，等到那時候再說也還不遲。比如顧客已達到了一百個，想把人數擴展到三百個的時候，就是增資或是接受金融機關融資的時機。累積了一定程度的成績，今後應該投資的具體內容也會更加清晰，且事業計畫也能做得比當初縝密。只要有了以實際數字爲基礎的事業計畫，金融機關會誠摯地接受你，對投資家也能進行更明確的提案。

換言之，從零顧客到獲得一個顧客，或是想要再增加成一百人的情況下，都應該從自身資金來設法較好。

報酬的分配規則要明確

沒有資金的狀態當然很辛苦，但是有錢的狀態，又是另一種頭痛的來源。假設事業如預期般順利展開、得到相應的回報，此時除了將一部分轉為再投資，同時也須分配報酬給參與業務的成員，付給股東股利。

若是一般企業，報酬的分配從一開始就會有詳細的合約或規範。但小規模的鄉鎮公司往往沒有這樣的規則。憑一股氣勢成立，拚命想讓事業上軌道，在這樣的狀況下，事實上經常會發生沒有決定報酬如何分配的情形。

發展至此，夥伴發生爭執的情況在所難免，即使不到爭執的地步也很難繼續再愉快地工作下去。

決定報酬上無論如何都會有主觀意識的介入，例如有人認為自己「相當努力，應該有資格拿到利潤的兩成」。但其他成員卻認為「頂多一成」，這種情況經常發生，想當然耳本人也會覺得像被賞了一巴掌。酬勞分配不均，不僅會讓士氣一口氣降低，也會成為爭執的原因，有時還會阻礙成員間的關係。

爲防止這種情況，最確實的方法就是事先決定「分配比例」。像我們的情況，基本上會在最初就決定利潤分配的規則。「等到賺錢以後再定就好了」，像這樣拖延下去是最糟糕的做法，在事業開始前簡單地決定就好了。

像這樣清楚明快地決定：「賺了多少以後，做這項業務的人分多少、做那項的人分多少。」將利潤依出資金額分配多少的股利，其餘的全部用於再投資。依情況，也可能是：「股利從創立起前三年一律凍結，全額轉爲再投資」的模式。無論是何種方式，只要在利潤還不在眼前時決定好如何分配，就不會產生太多摩擦。眼前產生了利潤後再來協議，就會出現爭執。

夥伴間無論有再深厚的信賴關係，談到錢一切就不同了。這個做法雖可說是「自尋煩惱」，但也是「未雨綢繆」。一開始決定基本的規則，此後每年一次重新審視比例，就應能依當下的狀況彈性應對。

決定好比例，就能預測一年大約有多少收入，這樣既會成爲成員達成目標的動力，也有助於成員的生活規畫。

無論任何事，關於錢的問題都先決定好，可說有百利而無　害。有不少人因爲無法開口談論錢的話題，逃避不談，導致與夥伴產生摩擦，感情留下裂痕。

不要等到「賺了錢再來想」。地方創生的鐵則之一，便是依據計畫在初步階段訂定協議。即使不到決定細微金額的地步，但一開始可以定好分配比例。

即便是「命運共同體」的夥伴，應該說，正因爲是如此重要的夥伴，爲了能夠一同愉快地合作下去，最好在一開始就明訂關於金錢的規則。

第三章
自立的「民眾」能改變鄉鎮

將吃錢的基礎設施轉為「賺錢的基礎設施」

不是向行政機關要錢，是「付錢」

在第二章中所說明的「十條鐵則」，其實不只適用於所有小型地方建設團體，若民間力量在活動時能確實遵守這些鐵則，甚至可能可以改變地方的公共定位。

以往地方建設失敗的原因，在於「官方」投資的對象是在今日時代裡無法有效創造利益的組織，他們宣稱爲了促進地方活化，建造出利用價值低、無用而華麗的建物，將稅金投入於既無利潤也無持續性，像祭典般的一次性活動。因此，不用說活化，反而更加速了地方的衰退。

話雖如此，但這並非光是「官」的責任，引發這種問題又放置不理的，是無法自立的我們，也就是民間方面。

只要民間持續使用國家或地方政府的資金，以「地方建設」的名義，進行毫無回饋的活動，地方就無法活化。財政赤字擴大、境內收支跟著惡化。儘管自認被需要也持續努力，卻越是努力越助長了衰退，沒有什麼比這樣更悲哀了。

由自立的「民」創建小型但能獲取利潤的事業，持續經營，一步一步地增加數量，再將影響擴至周邊。在資源不足的今日，像這樣逐步累積型的活動是最確實的。

無論是多微小的活動，正視市場，獲取利潤，再投資到下一個事業，將利益還給地方是相當重要的。能做到這些的，是自立的民間力量。無論是「官」還是「民」，現在都是時候拋棄「地方建設是行政工作」的一廂情願了，我們應該切換成官民聯手來讓「公共」更好的想法。而「官」也須捨傳統概念，以民間力量爲軸心，聯手合作。

近日來，我致力於「公共私營合作制[1]（Public Private Partnership；PPP）」事業。

我們所思考的公共私營合作制，並非是「如何從行政機關身上挖錢」的事業。而是轉換了想法，站在「怎麼樣才能付行政機關錢」的角度上，創造出能獲利的組織架構。我們所描繪的，是即便在縮小的社會裡，也能由「官」和「民」共同來守護「公共」的嶄新構想。

以往，所有公共設施都是用稅金建造的。在經濟高度成長時代，人、金錢都會自然增加，因此光考慮「花錢」的事也十分合理。然而，現今是人和金錢都從地方流失的時代，就連維持道路或下水道都相當困難的地方政府不斷增加。若沒有國家的補助，可能已經面臨破產的情況。而補助本身也是，即使根據新的政策可能獲得特別預算，但那也是突發性案例，能夠期待經常性補助的

1 公共私營合作制：源自英國的政府公部門與民營企業的合作模式。指政府與私人組織，為了合作建設城市基礎設施，或提供某種公共物品、服務，以特許權協議為基礎，形成夥伴式的合作關係，以合約明定雙方的權利義務，最終希望達到比預期單獨行動更有利的結果。

時代已經結束，補助將階段性地逐步縮減。因此，地方政府也只能以半放棄的心態，配合縮小的財政規模，削減公共服務。

然而，財政逐漸匱乏的地方政府，只要選擇與民間共同「生財」這個新選項，大可不必放棄公共服務。雖然組織需要精簡化，但可以不受限於一切力求縮小均衡，能交給民間做的就交給民間，以創出的「財源」爲基礎，思考新的公共服務的經營方式。

要能夠支撐這種「公共私營合作」的模式，除了要轉換民間和行政的固定觀念之外，還要依靠民間努力不懈去徹底執行第二章所介紹的「一條鐵則」。

作爲本書最末章的第三章，將介紹這類自立民間事業如何改變地方的公共環境、將老舊的基礎設施轉爲「獲利的基礎設施」的實例，同時，也將介紹新時代的「公共私營合作制」的模式。

對公有土地投入民間資本與智慧

在岩手縣幾近中央的盛岡市南部，有座名為紫波町的小城鎮，人口僅有三萬多人，自二〇〇九年起該鎮在車站前一帶所推動的開發事業「OGAL PROJECT」，如今已成為公共私營制創造地區活化的模範，受到全國矚目。

此企畫以和傳統截然不同的組織進行開發、運營，獲取了豐碩的成果。

首先，OGAL PROJECT的最大特徵，就是鄉鎮公所、圖書館等公共設施，與產地直銷市場、足球中心等民間設施，都由民間以獨自的資金開發、運營。迥異於傳統由行政機關籌畫、開發、再將運營外包的方式，由民間來背負經營風險，從投資家或金融機關取得投、融資，招募店家加以經營。

根據這套機制，紫波鎮公所將公有地借給民間，獲得了租金收入；而民間設施內創造出了雇用機會，同時透過產地直銷市場的設置，讓當地農產品的流通得以擴大，結果也提高了農家所得。換句話說，鄉鎮整體確實地繁榮起來了。受到充滿魅力的設施所吸引，現在仍有客人從盛岡或花卷等地湧入，地價也連續兩年上升。

核心設施的其中之一：「OGAL PLAZA」在二〇一二年六月開業，正中央是鎮營圖書館與地區交流中心，產地直送市場「紫波市場」、餐飲店、補習班、診所等民間設施也進駐其中。

土地是紫波鎮爲了興建圖書館等公共設施，於一九九七年由縣購買的公有土地，雖然在稅收高峰期時購入，但之後卻因爲稅收減少遲遲無法興建，除了作爲棄雪場以外，實質上等於是廢置的土地。民間以事業用定期租貸權的方式承租該土地，由計畫、開發、到管理運營，都由「OGAL PLAZA股份有限公司」一貫進行。開發所需的資金，以有志人士的出資和由地方銀行籌措，不使用一分稅金。

在此項目中奮鬥的中心人物，是我的夥伴之一岡崎正信先生。

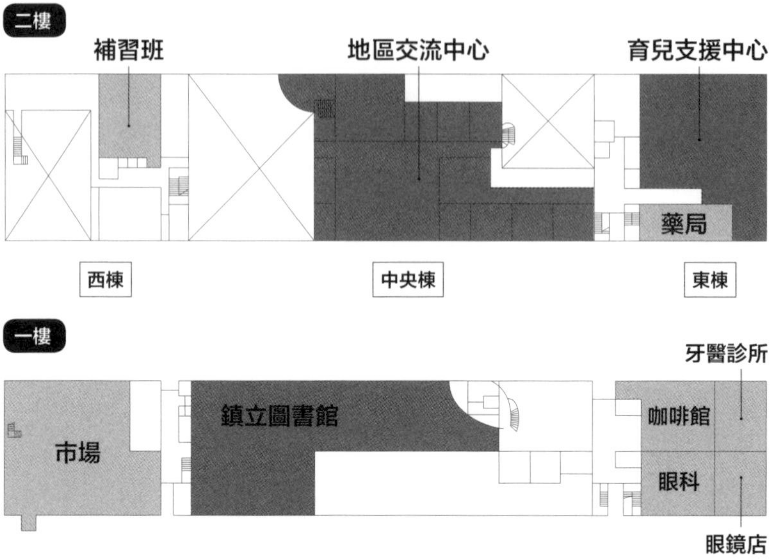

圖 3-1 OGAL PLAZA 的樓層簡介 ● 公共 ● 民間

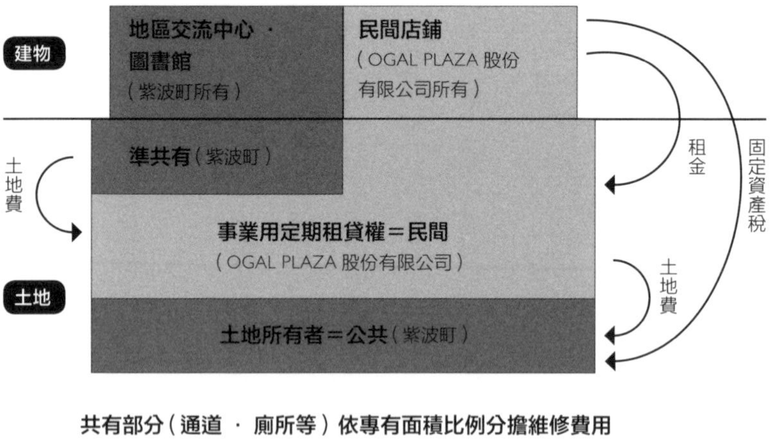

圖 3-2 OGAL PLAZA 的官民合建模型

他爲了繼承家裡的地方建設公司從東京返鄉，現擔任「OGAL PLAZA股份有限公司」社長。二〇一三年，我與岡崎先生、擔任OGAL PROJECT設計會議委員長的清水義次先生，共同成立了「公共私營合作事業機構」，在全國推進公共私營合作事業。

在沒有行政機關的初期投資下，建設公共設施

由民間來活用公有資產，對官方與民間雙方均有利。首先對官方而言，即使手頭資金不足，仍能提供必要的公共服務，同時還能增加收入。

原本負債累累的紫波町若要建設新的設施，要再借錢已經是不可能，即使

建設完成，若沒有收入增加的可能性，也沒有餘裕支付每年的運營經費。

然而，OGAL PLAZA由民間調度資金，建設整體設施，而地方政府只是租借其中一部分，或是計畫購入。如此一來，該鎮就不須爲了調度建設資金，貸入大額貸款。再加上鎮有土地兼併了民間設施，得到房租和固定資產稅的收入，可預期收入增加。

就結果而言，使得包含圖書館在內的資訊交流館得以興建，這對財政窘迫的地方政府而言，是能同時解決初期投資與維修管理問題的劃時代做法。

當然，對鎮民而言，在原本荒廢的土地中央多出了圖書館、產地直銷市場、診所等設施，生活變得更多采多姿，可謂好處繁多。

現在，政府在全國所持有的土地或建物，據說價值超過五〇〇兆日圓。以往，這些全由稅金或貸款來建設與運營，往往演變爲赤字龐大的「吃錢基礎設施」。然而，若能像OGAL PLAZA一樣，活用民間嶄新的智慧，這些設施也可以不是賠錢貨，而是成爲地方新的收入支柱、能確實生財的「賺錢基礎設施」。

創造兼具「市場性」與「公共性」的設施

另一方面，對於民間而言，這種開發手法還有一個極大的優點。在長期幾近廢棄的土地上，即使突然興建起大規模的商業設施，也不會有店家想要進駐。即便得到補助金加以開發，若依照以往的方式去做，恐怕仍是慘痛的失敗。

關鍵在於——先鞏固「非消費」目的的客源。鎮上的居民，本來就會爲了利用公共服務，例如辦各種手續、查閱資料等目的造訪公共設施。若是棄雪場的話沒有店家會來，但眼前若是每年有十萬人以上入館人數的圖書館，那麼想在此經營咖啡店或診所的人便會出現。只要可以預期這樣的店家會進駐，那麼由民間來開發設施便成爲可能。

公共服務的利用者，對民間而言就是顧客。正因爲這樣的組合得以實現，才能開發出光是民間設施無法達成的事業。

地方多數人所需要的設施或服務具有公共性，同時也能確保市場性。今後的設施開發，須基於公共性與市場性一致的想法來進行。

民間開發讓規模適當化

取代鄉鎮公所，由民間來開發的最大優點之一，便是建設的規模可以適當化。

比如說，鄉鎮公所要開發設施時，首先會外包給顧問公司，決定建案的「規格」。這時，通常會涵括當地各式各樣的意見，結果便是演變爲不符合地方實際情況的豪華規格。像是不必要的過寬通道、位於寒冷地帶卻有大得誇張的門窗開口與玻璃窗設計等。此外，公共競標的價格與一般民間發包金額相比高了約兩到三成，光是開發費用已經漲到不尋常的程度。

更別提若是委託想創造「獨一無二的作品」的建築家，使用了特殊的建設手法，當地建商一定蓋不了，必須委託總公司位於大都市的大型建商，否則無法興建。這樣一來，正如第二章所述，事業費用無法還原到本地，高額的開發費用幾乎全數流至外地。

再回到運營層面來思考，過度豪華的建築物冷暖氣等維持費也較高，沒有任何優點。

然而，若由自立的民間背負風險，以更加貼近現代、更符合自身格局的方式開發，可以解決類似的弊病。

這樣的開發方式與傳統政府主導的開發過程是相反的，「規格」會在最後決定。比起外觀，更重視內容，也就是以決定進駐的店家為優先。第二章鐵則⑤所談到的「前端營業」，在公共私營合作事業中也能派上用場。

在OGAL PLAZA的開發中，岡崎先生花費了一年半的時間尋找店家，直到設施全部租借者決定，才再次檢討建物的結構。結果，原本預定是三層鋼筋水泥的建物，大幅修正成兩層的木造建築。

在一開始就決定規格的政府開發案中，這完全是不可能的事。

那麼，爲什麼會產生這樣的變動？這是由於決定全數店家且確認店家分別能支付的店租後，發現以當初的建築預算無法在十年內回收投資。一開始的計畫無法讓投資回收成立，銀行無法融資，因此決定向下修正。

這正是所謂的民間力量。換言之，**不合理的事業便無法實行，正是民間事業得以強大的原因**。

此案件若是由行政機關開發的話，或許會勉強從國家拿到預算，地方政府無視投資回收的概念憑藉信用借貸，傾全力建造與當初計畫一模一樣的建物。然而，民間無法這麼做，因爲無法這樣做，所有才湧出智慧。

據說OGAL PLAZA在由鋼筋水泥構造改爲木造時，擔任整體設計的松永安光先生邀請了東大農學部的稻山正廣先生參與，徹底檢討了構造。結果，創造出以農家「倉庫」爲模型的獨特建築構造，而這是當地工程公司也能施工的規格。藉由導入這項新技術，建案成功地大幅削減建築費用。不愧是困境生智慧。

透過這樣逆算而成立的計畫，可以修正過度的規格，確保眞正需要的功能與嚴守經濟結構的收益性。只要能建設符合格局的設施，因爲不會有額外的營運費用，也能將這部分經費轉用於充實公共服務。

就結果而言，紫波町以民間的智慧，削減了當初計畫中約兩成以上的圖書館建設開發費用，維修費也降低，由此獲取了原本需要的圖書購買費等預算。

放眼全國，甚至有些例子是好不容易興建了夢想中的圖書館，卻因建設費和維修費過高，買書預算竟占圖書館整體預算不到百分之十。這眞是本末倒置，可笑至極。基礎公共設施中，最重要的應該是公共服務，而非公共設施。由民間來執行，將開發規模與內容適當化，不僅能削減行政預算，就結果而言還能充實公共服務。

活用優勢的「針孔型行銷（Pinhole marketing）」

二〇一四年，在「OGAL PLAZA」以外，名爲「OGAL BASE」的設施也開幕了。它是以符合國際標準的排球練習專用的體育館爲主體，合併了訓練設施與商業旅館的獨特設施。

這是從OGAL PLAZA展開事業，完全民間資本的「OGAL BASE股份有限公司」計畫、開發、運營的事例。就連體育館都由民間開發經營，經營者與OGAL PLAZA相同，由岡崎先生擔任。

其中最有趣的地方在於，該體育館並非棒球場或足球場，更不是多目的體育館，而是一個正式的排球練習專用體育館，其地板使用與國際比賽中相同的專門材料。合併設置的商業旅館，假日可作爲排球隊的營隊場所，平日則開放商業人士住宿，是非常有效率的營運方式。

爲什麼不蓋棒球場，或是多目的體育館呢？純粹是因爲競爭太過激烈。不在競爭激烈的市場裡消耗資源，而是以性質稀有的設施，反過來吸引全國客人。

此外，也是因爲經營者岡崎先生的建設公司家業擁有職業排球隊，是一個排球通。岡崎先生認識許多相關人士，擁有優勢，透過排球協會容易向全國推展業務活動。徹底執行鐵則①「從小處開始」中所述的「鎖定目標」，再將其對象用於自己的專門領域，結果就是排球專用練習體育館。

大部分的地方政府，談到體育館，都會建造「所有人」都能使用的多目的性體育館，這樣的話就沒有人會有怨言。然而，這種設施在附近的地區到處都是，沒有人會特意從遠方前來。若是以地方活化或振興體育爲目的，這樣的設施反倒是不及格的。話雖如此，只要建設像OGAL BASE這樣特定目的的體育館就好了嗎？這種結論也過於躁進。

不是建造了設施，就能讓利用者自動聚集，還必須進行業務活動，這是理所當然的。如果不具體提出希望何種對象、在何種情況中使用的話，沒有人會活用它。因此，OGAL BASE才會選擇排球，因爲主事者岡崎先生擁有豐富知識與人脈，容易推行業務活動。在創建小型事業時，重要的是要將自身的優勢活用到最大極限。

我認爲這個戰術越是在偏遠的地方越是有效。與其建造半吊子的多目的設施，不如徹底將目標縮小至事業團隊容易推廣業務活動的領域。我們將這樣的手法稱爲「針孔型行銷（Pinhole marketing）」，這是將目標徹底收斂至宛如針孔般大小的小型市場，反而能擴大商圈、將實際業務壯大的一種思維。

即使規模改變，基本是相同的

紫波町現在成爲每年有八十萬人造訪的鄉鎮，預測二〇一五年起可能會超過一百萬人。當初僅是棄雪場的土地，在投入民間資本與智慧後，成功創造出充滿魅力的公共暨商業服務據點，增加了地方政府的收入，也創造出雇用機會。

我與岡崎先生第一次相遇，是他在盛岡市推行小型建物再生計畫的時候。我仍然記得，當時看到荒廢的ＯＧＡＬ預定建地時心中的想法：「要開發這裡眞是頭痛。」然而若是看到隨後的展開，卓越成果不言而喻。

無論是小型事業，或是一定規模、拉攏公家參與的事業，都可以徹底實行這十條鐵則。所有的事業狀況都是連續相關的。鄉鎮上的小型活動絕不會因爲規模小而就此消失，而是透過累積的過程，爲鄉鎮的定位帶來巨大的轉變。

有許多視察與參觀者從全國各地前來造訪成長茁壯的OGAL PROJECT，我們ＡＩＡ在接受訪客上給予支援。同時，OGAL PROJECT所獲得的視察費用，一部分累積作爲下一階段的投資資金，其他也捐贈給圖書館作爲購買圖書的經費等，活用於提升公共服務。

現在，OGAL PROJECT的技術已跳出岩手縣當地，透過公共私營合作事業機構，應用於其他地區。一個小鎮的企畫改變了整個地方，並延燒到全國各地。

由此可以得知，OGAL PROJECT並非特殊事例，採行的是普遍的方法。也許再過個十年，由政府來興建公共設施是反常理的做法，而政府利用民間建設的公共設施反而是普遍做法。社會的變革，只能從微小的一步開始，公民私營合作也是一樣。

行政機關與民間的緊綳合作關係

小型的活動能逐步改變制度

爲讓民間的智慧與力量發揮到最大極限並活用於地方建設，行政機關與民間必須在緊綳的關係下緊密合作。

在先前提到的OGAL PROJECT啓動時，紫波町設置了「公共私營合作室」的專屬部門，實行了公共私營合作基本計畫的制定、都市計畫決定的變更等業務，幫助民間順利推動事業。這些多仰賴了前町長藤原孝（二〇一四年二月退任）的決策力和實行力。

金錢方面由民間自力籌措，而放寬規定、制度變更等民主制度的推動上，則由行政機關擔任，正因落實了公共民營合作上理想的角色分擔，OGAL PROJECT才得以實現。

像這樣的公共民營合作企畫，儘管大小規模不同，已經在全國逐漸增加。多數企畫都是由民間主動挑戰，與行政機關合作，促進了社會制度的變化。

舉例來說，在全國逐漸發展的道路活用事業。國道是具代表性的公共基礎設施，要利用國道有道路法、道路交通法等各項規則，以往民間並無法簡單利用。

正如序章所述，我在「商店街網絡株式會社」的社長時代總爲「各地衰退的商店街該如何營利」感到煩惱。當時，作爲新事業，我成立了利用商店街道路的廣告宣傳事業。契機是某一天我觀察到購物中心如何在各處進行新商品宣傳和企業廣告，我心想：這種手法是否能夠應用在商店街上，得到廣告收入？那是二〇〇三年的事。

與廣告代理商討論後，我成立了企畫，但企畫一拿到地方政府或警察單位卻被告知「這行不通」，毫無討論餘地。他們的回答，全是「使用道路會對他人造成困擾」、「很危險」、「這是公共空間，不能用來營利」等大道理。

然而，就實際來看，小鎮的道路上人潮並沒有很多，還有許多條車輛無法進入的行人專用道。此外，若在商店街拱廊與柱子上，與小鎮風景協調的廣告刊登，不同於破壞景觀的違法看板，反而能賦予小鎮統一感，也能演繹出開朗活潑的空間。在歐美，將廣告刊登在城市設施（城市街道上的長椅、公告欄等室外設備）是相當普遍的做法，就連對景觀十分講究的法國，也例外地容許具一致性的廣告。

因此，我決定將此作爲商店街活化政策提案，具體來說，就是向統籌商店街振興的中小企業廳商業課，提案關於放寬道路使用限制的實驗事業，同時與國土交通省合作，在全國各地實施「社會實驗」。首先在札幌、仙台等大都市的中心部展開，依據其結果，再細部檢視注意事項、開展事業時的重點等，一邊修正軌道，一邊拓展實驗範圍。

累積實證結果後，道路使用規定也能階段性地逐漸放寬。現在將廣告收入的部分作爲地方活化財源的手法已經固定，被稱爲「區域管理廣告（Area

Management Advertising; AMAD）」的手法也受到全國各地採用。

制度或規則的變更、新設，不再像以往一樣一定要交由國家或地方政府去做，而是由有志企業自行提案、逐步累積小型事業，對缺失處加以修正，打消疑慮逐漸前進，就能做到讓制度產生變化。

活用公有土地的各地活動

遍布全國各地的ＡＩＡ夥伴不僅有前述的區域管理廣告業務，還在進行更先進的活動。

例如，他們在札幌市大通一帶的道路上建設名為「來露台坐吧（すわろうテラス）」的店鋪，已經展開營業。二〇一一年在都市再生整備計畫的影響下，

國土交通省放寬了道路使用限制，地方政府與札幌大通地方建設股份有限公司因此展開了共同合作，實現了這樣的一間店。這是限制放寬後的第一號案例。札幌市的地下街發達，路上空間因此更充裕，企畫活用了這一點創建店鋪，爲地方增添了新元素。同時，在此所產生的利潤也被再次投資在地方建設事業上，形成循環。

此外，在不斷重新開發的名古屋車站前，工程用的隔板也被作爲廣告媒體活用，或是在公開的空地舉辦促銷活動等。這些活動的背景也是基於名古屋市的道路利用活用課對道路規範放寬，以及戶外廣告條例的彈性解釋。這些活動，都是由民間的名古屋車站地方建設協議會爲主體來進行的，而花費在這些社會實驗事業上的經費，也是由廣告事業的收入來支付。以往由政府支出預算、籌畫的社會實驗事業，因爲規定放寬後產生的收入得以由民間來實施，這在早年是完全無法想像的。

公共道路的活用，發展成支援創業家的元素。除了在第一章中所介紹的位於熊本的「種子市集」，現在各地許多鄉鎮每個月也會在公共道路上舉辦市集。若能在道路市集達到一定的銷售額，那麼活用周邊的空置不動產，開發如TANEYA的共享型店鋪也可以期待，這些在以往徹底規定「禁止在道路上進行金錢交易」的時代都是不可能發生的。

民間確實遵守放寬限制後的規則、並做出實際成績，政府爲支援民間而推進放寬限制，兩方姿態的結合，才讓十年前無法做到的事逐漸化爲可能。這便是全國小型活動持續發展並逐步改變了國家制度的實例。

行政機關支援自立的民間

由公共道路等的活用事例可以明白：今後行政機關必須做的，就是支援民間盡可能地完成想做的事。

目前爲止介紹過的地區設施管理、翻修、市集、活用地方素材的製造零售業、公共設施或道路的利用與活用等，都是在民間有意願去做、不依靠行政機關金援的情況下加以實現。行政機關的支援不是在「預算」，而是盡可能地「消除規範」，讓民間更容易活動，才能讓這些事業更加發達。

在經濟擴大型的社會，行政機關的職責在於限制無秩序的擴大開發，讓民間遵循規則。然而，在縮小型社會中，負責促進社會活化的行政機關的職責改變了。整備環境，讓民間「想做的」事變成「能做到」的事。比周邊的任何縣市都還要快、積極地去實現，可說是今後地方要勝出其他地方的條件。

不僅限於大幅的規則或制度變更，單位內的行政機關人員也可活用自己獨有的技能或人脈，支援地方上「爲獲利而努力」的人。

例如，從中央官府到地方政府，若要說行政機關人員擅長的工作，那就是製作文件和辦理行政手續這一塊了。

在鄉鎮公所內，有許多民間人士難以理解、以特有語言或格式所製成的表格。對於民間事業者而言，許多事業申報或許可申請要透過繁雜的文件製作，意料地要花費更多時間與精力。若這時行政機關人員有人能理解事業意義、在製作文件或申請手續上願意支援，民間就能集中火力於如何優化事業，而不是完成手續。

此外，除了製作文件的能力，行政機關還可以扮演「公關」的角色，讓創業者活用鄉鎮公所的信用、與當地媒體的關係等。行政與民間共同製作媒體發表內容，傳給地方上的記者。光是這樣做，就能讓民間的小型活動在當地報紙或宣傳雜誌上曝光，幫助活動快速成長。

我認為，這些暗處的、小的幫助，比龐大的補助金更有效果。至今我所推行的事業，也是在這樣的方式下受到全國各地地方職員許多幫助，因此更能體會到其中的珍貴處。

在此所舉的不過是其中一例。即使地方政府在組織層面上不具備和民間團體合作的體制，行政機關也能活用職員個人的專業技能或鄉鎮公所的信用。支援當地人士活動的方法不勝枚舉。

在這種情況下，當默默支援民間的成績逐步累積，行政機關也可能產生組織上的合作可能性。對未來的行政機關職員而言，培育民間力量、盡力促使民間和組織的合作，也是重要的職責之一。

當行政機關與民間能夠建立非金援、而是以技能或智慧互相支援的關係，雙方跳脫了依附關係，形成擁有適度緊張感的關係，就能共同打造能夠獲利的地方街道。

由民間主導來改變鄉鎮

從市民「參加」到市民「實踐」

民間主導、政府參加的地方建設的關鍵，在於該地方的市民。

只要是和以往不同的事物，就是大家會擔心的事物。新的民間公司成立、向銀行貸款，然後在公共場所開發商業設施，還沒聽過本書中所介紹的案例的人，聽到這些會感到不安是很正常的。

「公共設施的建設還是由官方來蓋比較安心吧？」、「交由民間來做的話，會不會服務品質變差，價格上漲？」、「如果發生了什麼事，誰來負責？」等等，一旦擔心起來，事情是沒完沒了的。任何人對新的事物都會感到恐懼。就連本書中所鼓勵的，由少數人成立、微獲利型的小型地方公司，都曾經只因爲「嶄新」這一點被當地人士視爲危險團體。

背後的原因，在於市民自己並不相信民間的力量。至今爲止，在漫長歷史裡都身處政府主導的地方建設，因此他們不認爲自己可以扮演公共的角色。一邊數落著「政府不行」，卻沒有自己取而代之的想法。能向行政機關提案「這些工作你們別做了，之後由我們來做」的人，依然少之又少。

然而，今後的地方建設所需要的，不是市民「參加」，而是市民自己來「實踐」。不單是批評或拜託，而是由自己的手來建造自己所需要的事物的自立姿態。我認爲，（市民）高度的公共意識，再結合獨立的事業手法，兩者投入地方活化，才能延續今後的地方變革。

把事情交給別人並抱怨很簡單，但當你成爲當事者，就必須貢獻智慧。所有事都在陷入苦境時要一決勝負，由此才能產生智慧。當然，事業也可能會失敗，但不氣餒、持續嘗試並修正錯誤的話，成果一定會跟著出現。

「殭屍企業」的替代方案

由官民雙方共同出資成立的公司，也就是所謂的「第三部門（The third sector）」，至今仍被視爲「行政機關與民間的合作事業」模式之一。然而，這樣的機構，與我們所思考的自行獲利的鄉鎮的建立方式截然不同，因爲它們並非是民間賺錢、行政也獲利的關係，架構上金流由行政流向民間，資金流向是相反的。

現在全國有許多「第三部門」，但幾乎都處於虧損狀態。有許多人向我們商量如何重建第三部門，即使我們明確地提出改善方案，卻從未被實行。事業營運狀況差，甚至無法改善的話，這樣的公司就應該盡早關閉重新來過。但這些第三部門卻拖拖拉拉地任由公司虧損。

這是因爲無論政府或民間，都沒有人想負起責任。拖一時是一時，這樣不但無法爲地方創造財源，反而會持續損失，擴大負面影響。那就像對於看起來是活著，實則早已毫無生氣的殭屍，我們寧願殭屍不要擅自行動（擴大虧損），當個不會動的木乃伊就好，結果卻經常事與願違。

地方創生最困擾的，就是當地沒有能肩負起地方事業的民間公司，即使行政機關內心覺得「某間公司很差勁」，但最後還是只能起用那樣的殭屍企業來推展各種活動。

能打破這種狀況的，也只有民間的力量。民間必須開始成立有別於殭屍企業的替代組織。

感嘆現有的組織不行，並無法改變現狀。所謂的殭屍企業，要改變是不可能的。最好的方法是在地區內成立完全不同的組織，進行挑戰。就算一開始力量薄弱，但只要自立的民間力量持續成長，行政機關也可能開始推動公共私營合作。

我們的做法也一樣。即使當地已有屬於第三部門的地方建設公司，我們還是會另外成立民間出資的地方建設公司，獨力推動事業。這樣一來，政府也不需支付多餘的預算，且由於出現了獨立的民間團體，地方創生也能有更多樣化的做法。

只要走錯一步，民間與行政很容易立刻陷入一種鬆散的依附關係，就此而言，公共私營合作也是種極爲危險的關係，必須嚴謹面對。否則的話，自己也可能會加入殭屍軍團的行列。敬請諸位務必維持經濟面的獨立，時時自我警惕。

從「指定管理」改為「民間經營」

除了第三部門，「指定管理制度」也常被用於政府與民間的共同事業。名目上是將民間的知識與智慧活用於公共事業，同時實現設施的魅力化經營，但實際情況卻經常形成「民間依附行政預算」的景象。

「指定管理」就是民間所稱的「外包」。假設，公共設施以往由行政機關負責管理運營，每年須花費五億日圓的維修費，現在改爲「委託民間業者，希望以四億日圓管理」，請大家報名。像這樣讓業者競標的管理方式，就是指定管理。

爲何管理由民間來做較省錢呢？其中一項原因也許是因爲業務實施較有效率，但最大的理由，是「人事費用降低」。無論何處，公務員都是高薪階層。若是大企業的地方分公司，也許薪資就另當別論，但在多數地方，民間企業員工的平均薪資都較公務員低。換句話說，與其讓公務員運營設施，不如讓民間人士運營，藉此可以刪減經費、壓低費用。

若是外包給民間能讓新的店家進駐設施，或是舉辦收費座談會、藉由削減電費等方式改善收支的話，那麼外包也有意義。然而，業務內容被競標時鄉鎮公所制定的規則綑綁，經常無法自由地改善經營，爲此，地方建設的案件經常由勉強接受不合理條約的地方企業、當地的第三部門，或是地方政府的關係團體承接。有時甚至爲了支援這些團體，特意採取外包的方式，形成極爲不健全的結構。

這樣下去，不僅無法實現地方公共設施的營利機能，企畫案可能走向單純的經費削減，壞的情況也可能演變成官民勾結。

然而，若行政機關能柔軟運用規則，將公共設施交由充滿活力的民間，便可能將公共設施轉爲具創造性的場所。實際上，這樣的例子在各地不斷出現。

例如，東京都千代田區有間活用廢國中校區的「藝術千代田3331」設施。這是由民間公司向地方政府租借、支付租金所經營的藝術中心。這裡與指定管理不同，由民間企業將廢校完整承租，支付租金來運營。建築物內設置了共享辦公室、咖啡店等店家，做出活動空間外租也可增加營業額。而扣除租金與經費後所剩餘的資金，則轉爲支援藝術家的企畫展覽活動。

此外，還有位於新宿區的「東京玩具美術館」，也是由民間團體租借廢校加以活用的案例。以從全國收集而來的木製玩具創造出遊戲空間，並培育玩具指導員等模式，打造出劃時代的活動。

北海道新冠町同樣有間利用廢校改裝的獨特美術館「太陽森林─迪馬喬的幻想美術館」。該美術館展示的是法國的幻想畫家迪馬喬（Gérard Di-Maccio）的作品，經營者在網路標下廢校，開啓事業。像這樣民間透過以往無法想像的方式，開始活用的案例逐漸出現。

由這些實例可了解到，行政機關與其依照指定的管理制度，以死板的方式委託管理，不如放寬利用條件，將設施借出或賣出，活用民間智慧，讓民間自由運營，會有更精彩的發展。行政與民間的關係，也可以不必拘泥於以往的租借關係，今後將出現更多嶄新的關係與模式。

以民間的業務能力開創產業與雇用

在地方活化上，雇用問題是相當大的課題。中央或地方政府都爲了對應全世界市場蕭條，或日幣升值所造成的不景氣，祭出過「緊急雇用對策」。然而，這些雇用只要預算消失就會跟著結束，依賴的是暫時性的稅金。原本，雇用行爲應該是透過經濟活動而產生，地區內的雇用基本由三種產業來構成：獲取外幣（地方外的錢財）的產業、與其相關的產業，以及內需型（地區內消費型）產業。

而引領這些產業的，自然是民間。

要獲取外幣，不是從當地提供產品就是提供服務或人力。如果當地有山林，就會有將木材加工商品的外銷事業，也能將餐飲店推到其他地區，更能將當地培養起來的活動知識傳授給地區外的人。

要賺外幣，重要的是「業務」。要想著如何將當地特有的特別產品推到地區外，或是將劃時代的技術或智慧帶進地方，這些寶物若沒有業務活動的話，都是白白浪費。

「賺錢的地區」會先到消費地區推行業務活動、開拓通路，再著手進行生產。這就是在翻修事業與公共私營合作的設施開發中也會應用到的鐵則⑤，靠「前端營業」先確實回收。

無論從高知機場或松山機場都要花兩小時以上才能到達的高知縣四萬十

町，有間名爲「株式會社四萬十Drama」的商社型地方建設公司，就是一間開發當地產品的公司。該公司以當地可以取得的栗子產品與茶產品，到消費地區推行業務，再將批發商或消費者的反應活用於商品開發，取得了成果。

舉例來說，栗子產品原本是與中國產栗子混合，作爲蒙布朗糕點的原料來販賣，其後爲了回應「難得以四萬十的名字被大家所認知，不如只用當地的栗子，進行商品化」的意見，創建了「四萬十土栗」的品牌，該產品被應用於煮栗子或蛋糕等，業績不斷成長。

他們並非做出產品後才推展業務，而是進行業務活動後再生產。實踐了這項鐵則的四萬十Drama，現在已成長爲四萬十町中獲取外幣、創造雇用機會的有力企業，也持續分配高額的股利。該公司經營的餐廳與咖啡店造訪人數不斷增加，擴大了當地的消費，形成良性循環。

民間若能正視市場需求，投入獲取外幣產業、相關產業、內需型產業，確實以業務活動來賺錢，不管再蕭條的鄉鎮，也能從雇用開始產生各種事業可能性。這便是一個很好的例子。

由實踐者本人來傳授智慧

目前爲止，我們看到了自立的民間促進了地方繁榮，與官方聯手合作，甚至改變了「公家單位」的定位。這與在都市或農村、地方規模大小無關，而是全國各地逐漸誕生的新風潮。書中未能介紹的實例，在全國數也數不清。

在本書中，一貫主張：爲實現營利鄉鎮，必須創造能產生利潤的事業。但最後我想補充：民間光從事事業活動，仍然不夠。

在地方活化的產業當中，現場的實踐者也是最前端知識的擁有者。大學研究者會用田野調查來研究全國的案例，而政策智庫也僅能得知實踐者所傳達的資訊。

像這樣，研究調查機關經常得知的是間接性、慢了一步的資訊，在此情況下，大學的研究者或智庫等無法思考並提案對地方而言當下必須的政策。

正因爲如此，今後，由在現場實際運轉的實踐者本人，來向政府或學術機關等提案，這樣的策略相當重要。更進一步來說，不僅提案，甚至需要做到現場實證。前文中促進道路使用規範放寬的實證實驗即爲一例，由民間實證、思考問題解決的方案，再將其作爲政策來提案，因而連接到放寬規範。最前端的現場實踐者，將這樣的方法運用在地方活化的所有領域，這樣的時代已經到來。

今後，因爲是實踐者，不僅需要觀察個別地區或事業，還必須俯瞰社會整體，對必要的制度變更採取行動，不能全部交由專家或智庫。

不僅是制度或政策，透過自身實踐而構建的Know-how，也必須由民間自行彙整成報告，加以傳播，或是創立學校，將智慧傳遞給其他地區。不可以像以往一樣，等待行政機關在「成功案例集」中介紹自己。

北九州市所舉辦的「創生學校（Renovation School）」即爲其中一例。創生學校以同市的小倉地區爲中心，改裝大樓後，推行可以打造新都市型產業的事業，該地區的工作人數已經超過三百人，在這三年獲得豐碩的成果。事業以地方創生企畫的成員爲中心，也從地區外招募參與者，進行五天四夜的集訓。在「創生學校」中，學員不僅要上課，還要實際參與北九州的創生事業，理解推行的方法。

在由我擔任董事的公共私營合作事業中，也以OGAL PROJECT與熊本城東管理等爲題材，舉辦過新生訓練營（Boot Camp）。這間學校的目的之一，也是爲了建立鄉鎮公司，讓學生實際組織企畫、成立事業。包括方才的創生學校，多數鄉鎮公司與事業團體都由此誕生。像這樣，組合了實際事業與學校的複合型事業，作爲實踐者分享的手法，正逐漸擴大。

此外，從二〇一四年起，AIA導入了線上學習作爲分享智慧的方法。透過網路，全國的人都能聽到在現場經營事業的人員的分享。除了聽故事，還能參加創生學校或新生訓練營等實際體驗課程。今後，在全國各地實踐前端活動的人，無論在網上或在實際生活中，都要不吝於分享know-how。

一切必須由民間自身實踐、將實踐活動系統化、提出政策建議、在組織中加以實證，然後再將這所有的過程傳播到其他地區。因爲，在這所有的一切都是透過不斷地試誤而來、必須時刻挑戰新事物的業界裡，身處現場最前線的人，爲隨後的跟隨者迅速且確實地傳遞自己的智慧，是相當重要的。

另一方面，行政機關在這個縮小型社會裡被賦予了新的角色，須將「人民」能做的事盡量交給「人民」，並爲此修改規定或制度讓「人民」更容易理解，整頓環境讓彼此更容易合作。

今後的時代，所需要的是「民間擁有高度公共意識」以及「政府擁有高度經營意識」，當人人具備這樣的意識，能夠解決問題的優秀團隊想必就能在地方誕生。

結語

讀完本書，想要自己在地方創業的人，會有幾人呢？希望能有更多的人能參與，將本書活用於自己相關的地方、店鋪、公司的活動當中，那麼我會無比欣慰。

無論任何事，能者都會馬上行動。

當眞心想「做些什麼」的時候，人們會衝動地展開行動。「雖然想做，但因爲風險，不知道該怎麼辦。」像這樣猶豫不決的話，就表示意願不夠強。

在我周圍，在全國各地共同創立事業的夥伴，都是因爲對於某個訊息產生靈感，就馬上自己著手實現的人。他們從事所有事務都有強大的瞬間爆發力，起心動念的話今天就是黃道吉日，立刻就著手進行。雖然大多時候事情都不如他們所想像（笑），但這些人會不斷地嘗試、修正錯誤並累積經驗，將一切連結到成果，這方面的實力不容小覷。

不可以去估算企畫的價值。開始沒有人做過的事，就是成爲該領域第一把交椅的秘訣。只要成爲領航者，周遭就會聚集各式各樣的人。連動之下，資訊、資金都會湧進，結果能做到的事就會逐漸擴大。當地方不斷衰退，沒有資金也沒有人，在這樣的情況中最後剩下的，應該就是靠少數人拿出幹勁比其他地方都更早展開企畫，進而不斷累積經驗的「速度」了。

我自己也總是想到就去做，雖然因此經常面對失敗，但終歸是死不了。我在全國商店街的旅行修業時代曾聽到一段話，曾經踏上戰場的生意人這麼對我說：「我的兒女這一世代啊，總是隨口把風險掛在嘴邊，我們那年代，除了死以外，可沒想過其他風險。」我認爲，正因經歷過痛苦，才能認眞地思考、判斷而前進。在函授課程拿到的柔道黑帶，實戰上完全派不上用場。書本、論文、網站情報可以作爲參考，但知道的事、做的事，還有能做的事，都是不同的。

無論任何事，採取保守姿態在做之前就不斷在意「能不能成功」，這就是衰退的原因。我們不知道什麼能夠帶來成功，而「零風險」在這個世上並不存在，因此，先做的人就贏了。

今後，我預測多數地區的人口規模、經濟規模、財政規模全都會縮小到一半以下。因此，若不改變以往的做法，地方政府會整體崩盤。問題不在於人口減少這個現象本身，而是**我們明知道規模會縮小，卻不思索如何對應**。所有事情都保守地維持「既有方式」，恐懼變化，不嘗試新挑戰，就連原本能維持的東西都會變得無法維持。

然而，契合新時代的嶄新社會型態確實存在，如本書所介紹的，適應縮小時代的各種手法與實例不斷出現。我們該如何捨棄刻板觀念，自行累積獨立的活動，與全國夥伴共有、使地方活動更加進化？是時候由官民聯手，開創契合新時代的地方的存在方式了。

請大家務必突發奇想地、無計畫地，在地方上成立小型事業。然後，靠著堅持，讓它能夠自立並持續下去。若能做到的話，您的事業將成爲新的地方創生手法之一，那時，請與全國夥伴共享。

不是「能不能做到」，而是「要不要做」。

最後，本書以許多共同推行事業的全國各地人士所進行的企畫，以及從中所獲得的眞知灼見爲基礎，對於願意敞開心胸歡迎素不相識的我，共同投資、經營地方事業的各位，我要借此機會表達衷心的感謝。還有，理解並支持無法常回家的我的家人，謝謝你們。

二〇一五年四月

木下　齊

附錄　改變鄉鎮的10項覺悟

以下所彙整的內容，是為了讓接下來即將成立事業的人能夠改變心態、做出「覺悟」。請與書中的「10條鐵則」一併活用。

1 不依賴行政機關

地方振興具公共性質，但是，公共事務並非行政機關的專屬工作。在以往，公共事務可以交由政府，維持平等性，但我判斷今後的政府已無法維持所有區域的均一性。居民積極行動、參與改善的鄉鎮會欣欣向榮，變得容易居住，而照以往方式將地方發展交給政府的地區則會確實地衰退。地方不再是「一定論」，只能在現實論下，以自己的方式去做。

2 自己付出勞動力或資金

要改變地方，不要交由旁人，請他們「這樣做」。需要的是自己親手去改變的行動。若要交由旁人，那麼基本上也須負擔費用。在海外這樣的現象十分普遍，而在江戶時代以前的日本也是，當地居民的職責，基本上不是負責出勞力，就是出錢。

3 這不是「活動」，是「事業」

現在的地方振興，不能當成舉辦「活動」，而是視爲「地方建設的事業」會更有成效。辦活動也不錯，但光是活動無法眞正達到改變地方的效果，而爲了舉辦活動要求補助金，更是本末倒置。這樣不但無法誕生地方活力，反而是增加公共支出，讓地方變得無法自立、長久持續。事業性是非常重要的。

4 邏輯性思考

事業並非靈光一閃，能靠自己的頭腦徹底思考的「邏輯」很重要。隨意的行動不一定能連結成果，即使拚了命去做，若缺乏邏輯理論的話，仍然會面對失敗。熱情是需要的，但光是熱情無法達成任何事；相反地，沒有熱情的理論也無法讓人產生共鳴。

5 背負風險的覺悟

一邊說想參與地方振興，但光只是參加各種視察參觀或講座，是毫無意義的。若不具備自行思考的能力，以及背負風險的覺悟，就無法面對現場的困難。

6 脫離「大家一起」的毛病

必須脫離「大家一起」的毛病。「不是大家一起決定，也不是大家一起做」。大家一起做，那麼每個人就會將工作交給旁人、意見也無法統整，平白地浪費時間。不是大家一起，而是從自己開始。

7 兼顧「樂趣」與利潤

事業能夠持續的條件，是「做得開心」與「賺錢」。做得開心，但若不斷虧損，就無法持續下去。反之，即使能賺錢，但做得很痛苦的話，也沒有人會繼續。

8 記住：「投入、運轉、搾取」

要創造地方活力，必須抓住「投入、運轉、搾取」三訣竅。從地方外導入人或財、在地方上交易運轉、限制人或財從地方流出。若能徹底執行、將此循環擴大，必定能夠重建地方。缺少其中一項都不行。

9 以再投資創造地方整體的利潤

以事業的形式參與地方振興，不是爲了將賺取的資金全部留在手頭，而是爲了再投資、把資金用在地方上的運轉。事業是解決地方課題的方法，而非賺錢的手段。換言之，一個地方若只有地方振興的事業變得興盛，就失去意義了。

10 放眼十年後

不是看今年、明年，而是放眼十年後。民眾只看到一年後的地方，與民眾放眼十年後、憑此判斷並行動的地方，哪一個在十年後會更繁榮呢？這只能靠我們自己來選擇了。

國家圖書館出版品預行編目資料

地方創生：小型城鎮、商店街、返鄉青年的創業 10 鐵則 / 木下齊作；張佩瑩譯 . --
初版 . -- 新北市：不二家出版：遠足文化發行，2017.04
面； 公分
譯自：稼ぐまちが地方を変える―誰も言わなかった１０の鉄則
ISBN 978-986-94206-8-6(平裝)
1. 經濟發展 2. 日本
552.31 106003030

地方創生：
小型城鎮、商店街、返鄉青年的創業 10 鐵則

作者 木下齊｜**譯者** 張佩瑩｜**責任編輯** 周天韻｜**封面設計** 陳威伸｜**內頁插畫** 陳家瑋｜**內頁排版** 唐大爲｜**行銷企畫** 陳詩韻｜**校對** 魏秋綢｜**總編輯** 賴淑玲｜**社長** 郭重興｜**發行人兼出版總監**｜曾大福｜**出版者** 不二家出版｜**發行** 遠足文化事業股份有限公司｜ 231 新北市新店區民權路 108-2 號 9 樓 電話 (02)2218-1417 傳眞 (02)8667-1851 劃撥號 19504465 戶名 遠足文化事業有限公司｜**印製** 成陽印刷股份有限公司 電話 (02)2265-1491 ｜**法律顧問** 華洋國際專利商標事務所 蘇文生律師｜**定價** 320元｜初版首刷 2017年4月｜初版六刷 2019年8月｜